생태 과학 동화 시리즈

에메랄드 숲을 지켜라!

지은이·양홍잉 옮긴이·이화진

세상모든책

차례

- 08 숲 속의 수수께끼 사건
- 22 늑대거미 아주머니
- 32 흡혈박쥐
- 44 아기 꾀꼬리의 죽음
- 56 진짜 도둑을 찾아라!
- 68 아기 호랑이의 죽음
- 80 수수께끼 실종 사건

- 92 시끄러운 도시
- 104 꼬리에 꼬리를 무는 사건
- 116 시퍼런 연기를 뿜는 마귀의 정체
- 126 누가 은덩이를 훔쳤을까?
- 136 사자 왕의 죽음
- 148 검은 먼지바람의 비밀

숲 속의 수수께끼 사건

명탐정 샘 아저씨는 원래 유명한 경찰견이었답니다.
경찰견은 경찰관이 하는 일을 돕는 개를 말하죠.
오늘도 명탐정 샘 아저씨는 아침 일찍 일어나 꿀꿀이 요리사의 아침을 기다리고 있네요.

'모범 경찰견'이라는 글자가 새겨진 황금빛 훈장을 부드러운 천으로 닦으면서 말이죠.

"탐정 선생, 안녕하시오!"

언제 왔는지 개구리 박사님이 식탁 옆에 앉아 샘 아저씨에게 인사를 건넸습니다.

어제, 샘 아저씨는 강기슭을 산책하던 중, 커다란 돋보기로 뭔가를 관찰하는 개구리 박사님을 보게 되었습니다. 그 모습이 신기했던 샘 아저씨는 개구리 박사님에게 먼저 말을 걸었죠.

 그러자 개구리 박사님은 자신을 동물학자라고 소개하면서 여러 동물들의 습성과 생태에 대해 자세히 얘기해 주었답니다. 샘 아저씨는 동물에 관한 지식이 풍부한 개구리 박사님에게 자신의 조수가 되어 달라고 부탁했습니다.
 그리고 오늘 아침, 개구리 박사님이 샘 아저씨의 조수로 일하러 탐정 사무소에 찾아왔어요.
 개구리 박사님도 한눈에 샘 아저씨가 평범한 개가 아니란 걸 알아챘거든요. 특히 절뚝거리는 한쪽 다리와 목에 걸고 있는 황금빛 훈장이 개구리 박사님의 관심을 끌었답니다.

"탐정 선생, 이른 아침부터 훈장을 닦고 계시군요. 탐정 선생께 무척 중요한 물건인가 보죠?"

"아, 그렇습니다. 제가 가장 아끼는 물건이랍니다. 제가 경찰서를 떠날 때 서장님이 손수 제 목에 걸어 주셨으니까요."

"경찰서에서 근무하셨다고요?"

"네. 6년 동안 일했죠. 다크 수사반장님이 제 상사였어요."

"다크 수사반장이라면 해결하지 못한 사건이 없기로 유명한 경찰관이잖아요? 그럼, 다크 수사반장이 무척 아꼈다던 경찰견이 바로 탐정 선생이었군요."

"하하하, 그렇게 말씀하시니 정말 쑥스럽네요. 제 훈장을 보여 드리죠."

"우와, '모범 경찰견'이라고 새겨져 있네요. 탐정 선생처럼 훌륭한 분의 조수가 되다니 정말 영광입니다."

"무슨 말씀을요. 저야말로 개구리 박사님과 일하게 되어 영광입니다."

"그런데 다리는 왜 절게 되신 거예요?"

"아, 이건 예전에 다크 수사반장님과 마약 조직을 수사할 때 범인 중 한 놈이 쏜 총에 맞아서 이렇게 된 거랍니다. 그 일 때문에 어쩔 수 없이 경찰견 일을 그만둔 거죠."

"식사 왔어요!"

꿀꿀이 요리사가 커다란 쟁반을 한 손에 번쩍 들고 나타났습니다.

꿀꿀이 요리사는 샘 아저씨 앞에는 바싹 구운 토스트와 바나나, 그리고 따끈한 두유 한 잔을, 개구리 박사님 앞에는 박하를 넣어 만든 고소한 수프를 놓아두었답니다.

"오늘 〈숲 속 신문〉이 도착했나요?"

샘 아저씨는 두유를 한 모금 마시고는 꿀꿀이 요리사에게 물었습니다.

"아마 왔을 겁니다. 제가 가서 가지고 올게요."

꿀꿀이 요리사는 짧은 꼬리를 흔들며 뒤뚱뒤뚱 걸어 나갔습니다.

개구리 박사님은 긴 혀를 내밀어 박하 수프를 싹싹 핥아먹고는 만족스러운 듯 냅킨으로 입 주위를 닦았습니다.

"이렇게 맛있는 박하 수프는 처음 먹어 봐요."

"하하, 꿀꿀이 요리사는 음식 솜씨가 매우 좋거든요. 성격도 아주 좋아요. 그래도 뚱뚱이라고 놀리는 건 싫어한답니다."

"그럼 요리사님이라고 불러 드려야겠군요."

"하하, 아주 좋아할 겁니다. 참! 믿지 못하겠지만, 꿀꿀이 요리사는 지금 다이어트 중이에요."

꿀꿀이 요리사가 신문을 들고 들어왔습니다.

신문을 펼쳐 든 샘 아저씨의 눈에 검정 글씨의 커다란 제목이 눈에 띄었습니다.

'에메랄드 숲 속에서 갈기갈기 찢겨 죽은 애기사슴 발견!'

샘 아저씨는 의자에서 벌떡 일어서며 소리쳤습니다.

"애기사슴은 나라에서 보호하는 귀한 동물인데, 누가 이런 끔찍한 짓을 저지른 거지? 얼른 에메랄드 숲 속으로 가 봐야겠군."

개구리 박사님도 얼른 샘 아저씨를 따라나섰습니다. 샘 아저씨는 풀밭에 세워 둔 헬리콥터에 올라 시동을 걸었습니다. 헬리콥터의 프로펠러가 빙글빙글 돌아가기 시작했습니다.

샘 아저씨는 개구리 박사님과 함께 에메랄드 숲 속으로 향했습니다.

샘 아저씨가 헬리콥터를 조종하는 동안, 개구리 박사님은 헬리콥터를 자세히 살펴보았습니다.

"장난감 헬리콥터인 줄 알았는데 이렇게 하늘을 날다니 놀랍군요."
"하하, 원래 장난감 헬리콥터였는데 제가 엔진을 달아 하늘을 날 수 있게 했답니다."

헬리콥터 아래로 푸른 에메랄드 숲이 보이기 시작했습니다.

헬리콥터가 에메랄드 숲 근처의 푸른 벌판에 도착하자 숲의 파수꾼, 사냥개 하치가 뛰어왔습니다. 하치는 명탐정 샘 아저씨와 개구리 박사님을 데리고 나무가 울창하게 우거진 깊은 숲 속으로 들어갔습니다.

"갈기갈기 찢긴 불쌍한 애기사슴은 어디 있나?"

샘 아저씨가 두 귀를 쫑긋 세우고 두 눈을 번뜩이며 하치에게 물었습니다.

하치가 주둥이로 높은 나무 꼭대기를 가리켰습니다.

"바로 저기, 나무 위예요."

샘 아저씨는 사냥개 하치가 가리키는 곳을 보았습니다. 길이가 10미터 정도 되는 나무의 중간쯤에 갈기갈기 찢긴 동물의 사체가 걸려 있었습니다.

"아니! 저렇게 작다니. 애기사슴이 맞나요? 저는 한 번도 본 적이 없어서 잘 모르겠군요."

그러자 개구리 박사님이 망원경을 꺼내 자세히 살펴보고는 이렇게 말했습니다.

"애기사슴은 사슴 중에 가장 작은 종으로 몸무게가 2킬로그램이 채 되지 않아요. 갈색 털에 흰 줄무늬가 있는 걸 보니 애기사슴이 분명해요."

"보시면 아시겠지만, 애기사슴은 몸을 반이나 뜯겼어요. 육식동물의 짓이 분명해요."

사냥개 하치가 식식거리며 말했습니다.

"당연히 그렇겠지. 그런데 누구 짓일까?"

명탐정 샘 아저씨는 고개를 끄덕이고는 생각에 잠겼습니다.

"호랑이가 아닐까요? 제가 어젯밤에 호랑이 우는 소리를 들었거든요."

사냥개 하치는 육식동물이라고 하면 늘 호랑이부터 떠올렸습니다.

"아니야, 그럴 리가 없어. 호랑이는 나무를 타지 못하거든."

"그럼 나무를 잘 타는 육식동물이겠군요. 음……, 그렇다면 사자, 사자가 분명해요."
하치가 재빨리 말했습니다.
"사자도 아냐!"
"아니, 왜요? 사자는 나무를 탈 수 있다고요."
"잘 생각해 봐. 사자는 무리를 지어 사냥을 하니까 땅에 발자국이 많이 있을 게 아닌가! 그런데 이곳을 봐. 사자 발자국이 있나?"
정말, 사자 무리의 발자국은 어디에도 찾아볼 수 없었습니다.
"음, 그럼……. 아, 맞아요! 표범, 표범이에요. 표범은 높은 나뭇가지에도 마음대로 올라갈 수 있고 사냥도 혼자서 하잖아요."
하지만 이번에도 샘 아저씨는 고개를 가로저었습니다.
"표범은 사납고 욕심이 많지. 저렇게 작은 애기사슴은 한입 거리도 안 될걸. 그런데 잘 봐. 나무 위에는 아직 애기사슴의 몸통이 반이나 남아 있다고."

한동안 잠자코 있던 개구리 박사님이 천천히 입을 열었습니다.
"혹시 가까운 곳에 물이 있나요?"
"네, 남쪽으로 200미터쯤 가면 작은 연못이 있어요."
사냥개 하치가 대답했습니다.
"탐정 선생, 그곳으로 한번 가 봅시다."
개구리 박사님의 말에 하치는 연못 쪽으로 걸어갔어요. 개구리 박사님은 하치의 뒤를 따라가며 샘 아저씨에게 이렇게 말했습니다.
"탐정 선생, 애기사슴은 주로 밤에 다니는 동물이에요. 겁이 많고 아주 예민해서 꼭꼭 숨어 다니기 때문에 쉽게 잡히지 않죠. 그런데 이 녀석들은 물을 무서워한답니다. 만약 애기사슴이 물에 빠졌다면, 아마 한동안 겁이 나서 움직이지 못했을 거예요."

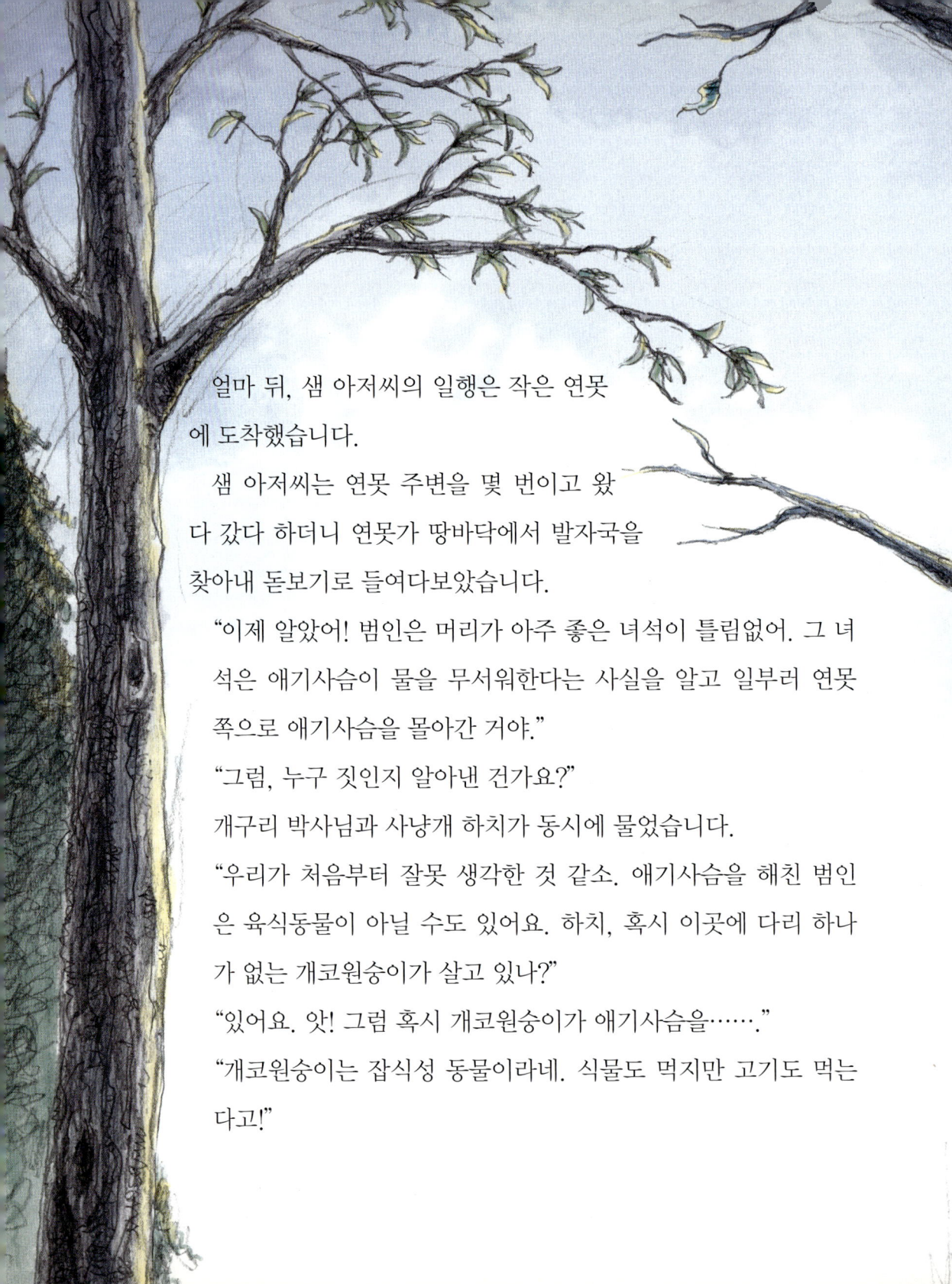

얼마 뒤, 샘 아저씨의 일행은 작은 연못에 도착했습니다.

샘 아저씨는 연못 주변을 몇 번이고 왔다 갔다 하더니 연못가 땅바닥에서 발자국을 찾아내 돋보기로 들여다보았습니다.

"이제 알았어! 범인은 머리가 아주 좋은 녀석이 틀림없어. 그 녀석은 애기사슴이 물을 무서워한다는 사실을 알고 일부러 연못 쪽으로 애기사슴을 몰아간 거야."
"그럼, 누구 짓인지 알아낸 건가요?"
개구리 박사님과 사냥개 하치가 동시에 물었습니다.
"우리가 처음부터 잘못 생각한 것 같소. 애기사슴을 해친 범인은 육식동물이 아닐 수도 있어요. 하치, 혹시 이곳에 다리 하나가 없는 개코원숭이가 살고 있나?"
"있어요. 앗! 그럼 혹시 개코원숭이가 애기사슴을……."
"개코원숭이는 잡식성 동물이라네. 식물도 먹지만 고기도 먹는다고!"

　샘 아저씨와 개구리 박사님, 하치는 다시 애기사슴의 사체가 걸려 있는 나무 밑으로 돌아와 올가미를 설치하고, 사냥개 하치에게는 수풀 속에 숨어 있으라고 했습니다.
　밤이 깊어지자, 둥그런 달이 떠올라 나뭇가지에 걸렸습니다. 그때, 몸집이 우람하고 긴 털을 어깨까지 늘어뜨린 개코원숭이 한 마리가 애기사슴의 사체가 걸려 있는 나뭇가지에 모습을 드러냈습니다. 하지만 '쿵' 하는 소리와 함께 샘 아저씨가 쳐놓은 올가미에 걸려들고 말았죠.
　명탐정 샘 아저씨와 개구리 박사님, 사냥개 하치는 동시에 올가미가 있는 쪽으로 달려갔습니다. 올가미에는 샘 아저씨의 말처럼 다리가 하나 없는 개코원숭이가 발버둥을 치고 있었습니다.

늑대거미 아주머니

 명탐정 샘 아저씨는 점심을 먹고 나서 따스한 햇볕을 쬐며 쉬는 것을 좋아했습니다. 오늘도 풀밭에 누워 있다가 깜빡 잠이 들었는데, 언제 왔는지 개구리 박사님이 샘 아저씨의 코앞까지 폴짝 뛰어왔습니다.

"탐정 선생, 늑대거미 아저씨가 갑자기 죽었다는군요. 방금 메뚜기가 와서 신고했어요."
"아니, 뭐라고요? 어떻게 죽었답니까? 어서 메뚜기를 불러오세요."
샘 아저씨는 잠이 다 달아난 듯 자리에서 벌떡 일어났습니다.
잠시 후, 개구리 박사님이 메뚜기를 데려왔습니다.
"늑대거미 아저씨가 죽은 것을 언제 알았나?"
"좀 전에 늑대거미 부부의 신혼집에 다녀왔는데, 늑대거미 아주머니가 아저씨는 세상을 떠나셨다고 하더라고요."
"그럼 늑대거미 아저씨의 사체를 직접 보았나?"
"아뇨."
"그럼 마지막으로 늑대거미 아저씨를 본 게 언제인가?"
"어제였어요."
"그때 늑대거미 아저씨는 무엇을 하고 있었지?"
"신부를 위해 아름다운 집을 짓는다며 열심히 거미줄을 짜고 있었어요."

"그럼, 늑대거미 아저씨는 결혼을 하자마자 죽었다는 거군. 자! 늑대거미 부부의 신혼집으로 먼저 가 봅시다."

메뚜기가 앞장섰고, 샘 아저씨와 개구리 박사님이 그 뒤를 따랐습니다.

잠시 뒤, 샘 아저씨의 일행은 늑대거미 부부의 신혼집에 도착했습니다. 푸른 나뭇잎 사이로 아주 정성껏 짜 놓은 거미줄이 걸려 있었죠.

늑대거미 아주머니는 아무 일도 없었다는 듯 거미줄에 엎드려 있었습니다.

"당신이 늑대거미 아주머니인가요?"

샘 아저씨가 물었습니다.

"네, 맞아요."

늑대거미 아주머니가 차분하게 대답했습니다.
"남편 분이 죽었다는데, 어떻게 죽은 건가요?"
"제가 잡아먹었어요."
"뭐, 뭐라고요? 자기 남편을 잡아먹었단 말입니까?"
샘 아저씨는 자신의 귀를 의심했습니다.
"네, 제가 잡아먹었다고요."
"오! 이런, 어떻게 그럴 수가 있어요? 늑대거미 아저씨가 아주머니를 얼마나 사랑했는데……."
깜짝 놀란 메뚜기가 울먹였어요.
"그래요. 제 남편은 저를 정말 사랑해 주었어요. 저도 그이를 사랑했고요."
늑대거미 아주머니가 여전히 차분한 목소리로 말했습니다.
"혹시 부부 싸움을 했나요?"
"부부 싸움이라뇨? 그건 말도 안 돼요."
개구리 박사님은 돋보기를 꺼내 늑대거미 부부의 신혼집인 거미줄을 자세히 살펴보았습니다.

"탐정 선생, 거미줄이 상한 데가 없는 걸 보니 싸운 것 같진 않소."
"음, 그럼 혹시 배가 고파서 남편을 잡아먹었나요?"
"무슨 그런 말을! 말도 안 되는 소리 하지 마세요!"
늑대거미 아주머니가 버럭 화를 냈습니다.
"그렇다면 도대체 왜 남편을 잡아먹은 겁니까?"
"당연히 우리 아기들을 위해서죠. 아기들을 위해 저는 남편을 잡아먹을 수밖에 없었어요."
"아기라고요? 거미줄에는 아기 늑대거미가 안 보이는데요?"
개구리 박사님이 다시 돋보기로 샅샅이 살펴보며 말했습니다.
"당연하죠. 아직 태어나지 않았으니까요. 여러분 눈에는 보이지 않

겠지만 이 거미줄에는 아주 작은 알들이 많이 붙어 있어요. 제 남편과 저의 아기들이죠. 이 아기들을 키우려면 몸속에 충분한 영양분이 필요하기 때문에 제 남편을 잡아먹을 수밖에 없었어요."

늑대거미 아주머니는 천천히 또박또박 말했습니다. 그때 개구리 박사님이 명탐정 샘 아저씨의 팔을 잡아당기며 한쪽으로 끌고 갔습니다.

"탐정 선생, 늑대거미 아주머니를 체포할 생각입니까?"

"휴우, 고민이군요. 늑대거미 아주머니를 체포하면 앞으로 태어날 늑대거미 아기들은 누가 키우죠?"

"하지만 늑대거미 아주머니가 남편을 잡아먹었다고요. 죄를 지었으니 벌을 받아야죠."

"박사님 말씀도 맞아요. 그런데 늑대거미는 해로운 벌레를 잡아먹는 좋은 동물이에요. 환경을 보호하기 위해서라도 아기 늑대거미들이 세상에 건강하게 태어날 수 있도록 도와줘야 해요."

27

한동안 깊은 생각에 잠겼던 샘 아저씨가 이렇게 말했습니다.

"아주머니, 지금 당장 체포하진 않겠어요. 우선, 아기 늑대거미들이 건강하게 태어날 수 있도록 잘 보살펴 주세요."

그날부터 샘 아저씨와 개구리 박사님은 수풀 근처에 숨어서 늑대거미 아주머니의 행동을 지켜보았습니다. 늑대거미 아저씨를 잡아먹은 늑대거미 아주머니가 아기 늑대거미들까지 잡아먹으면 안 되니까요.

그러던 어느 날, 아침부터 바람이 쌩쌩 불고, 비가 주룩주룩 내리기 시작했어요. 깜짝 놀란 늑대거미 아주머니는 거미줄 위를 쉴 새 없이 기어 다녔습니다.

"늑대거미 아주머니가 뭘 하는 걸까요? 혹시, 또 배가 고파서 아기 늑대거미들을 잡아먹으려는 건 아니겠죠?"

샘 아저씨가 잔뜩 긴장해서 말했습니다.

"그럴지도 모르죠. 가까이 가서 보는 게 좋을 것 같아요."

개구리 박사님이 대답했습니다.

명탐정 샘 아저씨와 개구리 박사님은 늑대거미 집 앞까지 단숨에 뛰어갔습니다.

"아주머니, 지금 뭘 하시는 겁니까?"

샘 아저씨가 물었어요. 늑대거미 아주머니는 잠시도 쉬지 않고 움직이며 이렇게 말했어요.

"알주머니를 짜고 있어요. 그래야 바람이 불고 비가 와도 알을 안전하게 보호할 수 있거든요."

늑대거미 아주머니는 비를 맞으면서도 긴 다리로 꿋꿋하게 버티고 서서 몸통 아래에 알주머니를 만들어 놓고 밤낮으로 보호했습니다.

그 뒤에도 늑대거미 아주머니는 알주머니를 몸에서 떼어 놓지 않았습니다. 걸을 때마다 무척 힘이 들었지만, 아기들이 무사히 태어나게 하기 위해 꾹꾹 참았습니다.

마침내 늑대거미 아주머니의 정성스런 보살핌 끝에 아기 늑대거미들이 태어났습니다. 아기 늑대거미들은 늑대거미 아주머니의 몸을 쉴 새 없이 오르내리며 한시도 어미 곁을 떠나려 하지 않았습니다.

늑대거미 아주머니는 해로운 벌레들을 잡아 아기 늑대거미들을 배불리 먹였습니다.

샘 아저씨와 개구리 박사님은 늑대거미 아주머니를 따라다니며 모든 걸 지켜봤습니다. 그리고 늑대거미 아주머니의 자식 사랑에 깊은 감동을 받았습니다.

아기 늑대거미들이 두 번째로 껍질을 벗고 스스로 벌레를 잡아먹을 수 있게 되자, 늑대거미 아주머니도 한숨을 돌렸습니다.

이윽고 아기 늑대거미들이 혼자서 살아갈 수 있게 되었을 무렵, 늑대거미 아주머니가 명탐정 샘 아저씨를 찾아왔습니다.

"이제 저를 체포하셔도 됩니다."

그런데 샘 아저씨는 늑대거미 아주머니를 체포하지 않았어요.

"아기 늑대거미들이 잘 자라서 해로운 벌레들을 많이 잡아먹고 있어요. 아기 늑대거미들을 정말 잘 키우셨더군요."

늑대거미 아주머니는 샘 아저씨가 무슨 말을 하는지 이해가 되지 않아 멍하니 개구리 박사님의 얼굴을 쳐다보았습니다.

"이제 당신은 자유예요. 자식들과 함께 있고 싶다면 그렇게 하세요."

샘 아저씨가 말했습니다. 늑대거미 아주머니는 너무나 기뻐하며 탐정 사무소를 나갔습니다. 늑대거미 아주머니가 떠난 뒤 샘 아저씨가 개구리 박사님을 쳐다보며 말했습니다.

"박사님, 제가 잘한 거죠?"

"그럼요. 아주 잘하셨습니다."

개구리 박사님이 진심을 담아 말했습니다. 이 일이 있은 후, 개구리 박사님은 명탐정 샘 아저씨를 더욱더 존경하게 되었습니다. 명탐정 샘 아저씨는 사건도 잘 해결할 뿐 아니라 인정도 넘치는 분이니까요.

흡혈박쥐

　명탐정 샘 아저씨는 개구리 박사님과 함께 헬리콥터를 타고 산골 짜기 위를 지나고 있었습니다. 오색 꽃들이 활짝 피어 꽃향기가 산골 짜기에 가득했습니다.
　"이렇게 아름다운 마을에 몹쓸 병이 돌다니, 쯧쯧……."
　개구리 박사님이 걱정스러운 얼굴로 말했습니다.

"온 마을에 전염병이 퍼져서 가축들이 모두 미쳐 날뛰거나 죽어 버렸다는군요. 이번에 우리가 반드시 그 원인을 찾아내야 해요."

샘 아저씨가 심각한 표정으로 말했습니다.

마을 입구 강기슭에 헬리콥터를 내려놓고, 샘 아저씨와 개구리 박사님이 마을로 들어설 때였습니다. 갑자기 커다란 수탉 한 마리가 날카로운 부리를 내밀며 달려들었습니다. 깜짝 놀란 샘 아저씨와 개구리 박사님은 얼른 옆으로 비켜섰습니다.

수탉은 괴성을 지르며 강기슭 쪽으로 달려가다가 땅바닥에 푹 쓰러지더니 온몸을 부들부들 떨었습니다.

"물을 좀 먹여 볼까요?"

수탉을 살펴보던 샘 아저씨가 개구리 박사님에게 말했습니다.

그 순간, 물을 본 수탉은 겁에 질린 표정을 지으며 좀 전보다 더 심하게 몸을 떨었습니다.

"광견병이야! 광견병의 가장 큰 특징이 물을 무서워한다는 거요. 그래서 '공수병'이라고 부르기도 하지요."

개구리 박사님이 소리쳤습니다.

"광견병이라뇨? 개나 고양이한테 물린 상처가 없는데요. 아무래도 마을로 가서 더 알아봐야겠어요."

샘 아저씨가 신중하게 말했습니다.

마을로 들어서자, 느티나무 밑에서 황소 한 마리가 눈물을 흘리고 있는 게 보였습니다.

"황소 선생, 무슨 슬픈 일이라도 있소?"

샘 아저씨가 친절하게 말을 걸었습니다.

"오늘 새벽에 나와 가장 친했던 당나귀가 죽고 말았소."

"저런! 어쩌다 죽게 된 거요?"

"내 친구 당나귀는 무척 건강했어요. 그런데 며칠 전부터 아무것도 먹지 않고 입에 거품만 물더니, 차츰 몸이 비쩍비쩍 마르기 시작했어요. 마치 온몸의 피가 다 빠져나간 것처럼 골골댔죠."

"광견병이 분명해요! 죽기 전 당나귀의 행동은 모두 광견병에 걸리면 나타나는 증상들이에요."

개구리 박사님이 다시 한 번 힘주어 말했습니다.

"아무래도 당나귀의 사체를 살펴봐야 할 것 같군요."

샘 아저씨와 개구리 박사님은 황소 아저씨와 함께 당나귀가 죽은 곳으로 발길을 옮겼습니다.

이윽고 당나귀가 죽은 곳에 도착하자, 샘 아저씨는 돋보기를 들고 당나귀의 온몸을 살피기 시작했습니다. 그리고 마침내 당나귀의 다리 쪽에서 아주 작은 상처를 발견했습니다.

"박사님, 여기 좀 보세요. 다리 쪽에 아주 작은 상처가 나 있어요."

"이렇게 작은 상처라면 개나 고양이에게 물린 건 아니에요."

샘 아저씨는 깊은 생각에 빠졌습니다. 수탉과 당나귀 모두 광견병에 걸린 게 분명했습니다. 그런데 미친개나 미친 고양이가 물어서 병이 옮은 게 아니었어요. 그렇다면 도대체 누가 병을 옮긴 것일까요?

해님은 서산으로 넘어가고 하늘에는 붉은 노을이 물들었습니다. 명탐정 샘 아저씨는 개구리 박사님과 함께 강기슭으로 걸어갔어요.

한동안 샘 아저씨와 개구리 박사님은 바위 위에 걸터앉아 아무 말 없이 하늘만 올려다보았습니다. 마지막 노을 한 자락마저 서산 너머로 사라졌을 때, 갑자기 강물 위로 시커먼 무언가가 몰려왔습니다.

"박쥐다!"

샘 아저씨와 개구리 박사님이 동시에 소리쳤습니다. 샘 아저씨와 개구리 박사님은 각자 망원경을 꺼내 날아가는 박쥐의 모습을 자세히 관찰했습니다.

강물 위로 몰려온 박쥐는 보통 박쥐가 아니었습니다. 가늘고 긴 다리와 팔, 그리고 보통 박쥐보다 훨씬 큰 눈을 가졌습니다.

"음, 흡혈박쥐군."

개구리 박사님이 망원경을 내려놓으며 말했습니다.

흡혈박쥐들은 마을 쪽으로 날아갔습니다.

샘 아저씨와 개구리 박사님도 흡혈박쥐들을 뒤쫓아 갔습니다.

흡혈박쥐 몇 마리가 양 우리 안으로 날아 들어갔습니다. 샘 아저씨와 개구리 박사님은 양 우리 밖에 몸을 숨기고 흡혈박쥐의 행동을 관찰하기 시작했습니다.

우리 안에는 양 두 마리가 나란히 서 있었습니다. 흡혈박쥐들이 양들 쪽으로 날아오자, 양들은 귀찮은 듯 꼬리를 흔들고 뒷다리로 발길질을 했습니다.

흡혈박쥐들은 땅에 내려앉아 살금살금 양들 쪽으로 기어갔습니다.

"저길 좀 보세요. 보통 박쥐들은 절대로 땅 위를 기어 다닐 수가 없답니다. 흡혈박쥐가 분명해요."

개구리 박사님이 명탐정 샘 아저씨의 귓가에 대고 작은 목소리로 알려 주었습니다.

흡혈박쥐들은 양의 다리 위로 기어 올라가 긴 이빨로 양털을 조금씩 뽑아내기 시작했습니다. 그러자 양이 몸을 부르르 떨더니 눈을 감고 편안한 표정을 지었습니다.

"양 한 마리가 흡혈박쥐에게 물렸군요. 흡혈박쥐의 침 속엔 의식을 잃게 하는 마취제가 들어 있어요. 그래서 흡혈박쥐에게 물리면 온몸이 나른해지죠. 흡혈박쥐는 피를 멈추지 않게 해서 흐르는 피를 계속 핥아먹어요."

개구리 박사님이 설명해 주었습니다.

"피를 핥아먹는다고요?"

샘 아저씨는 개구리 박사님의 말이 믿기지 않는 듯 망원경을 꺼내 들고 직접 살펴보았습니다.

"흡혈박쥐는 동물의 몸에 아주 작은 상처를 남기지만 침 속에 피를 굳게 하지 않는 물질이 들어 있어서 피가 계속 흐르게 된답니다. 흡혈박쥐는 그렇게 계속 흐르는 피를 혀로 핥아먹는 거죠."

망원경으로 우리 안을 살피던 샘 아저씨는 개구리 박사님의 말이 맞다는 것을 알게 되었습니다. 흡혈박쥐들은 다리에서 흐르는 피를 계속 핥아먹고 있었거든요.

"이제야 누가 광견병을 옮기는지 알겠군. 바로 저 흡혈박쥐 녀석들이었어. 저놈들을 어떻게 마을에서 쫓아내지?"

명탐정 샘 아저씨는 눈을 감고 깊은 생각에 잠겼습니다.

얼마나 지났을까요? 샘 아저씨가 천천히 눈을 뜨더니 개구리 박사님에게 말했습니다.

"박사님의 지혜가 필요해요. 어서 저 흡혈박쥐 녀석들을 몰아내지 않으면 이 마을엔 계속 전염병이 생길 거예요. 그럼 아름다운 산골짜기도 죽음의 골짜기로 변하고 말 거예요."
"알겠소. 대책을 세워 봅시다."
개구리 박사님의 말에 샘 아저씨의 얼굴이 밝아졌습니다.

흡혈박쥐들은 아름다운 골짜기의 절벽 꼭대기에 모여 살고 있었습니다. 샘 아저씨는 헬리콥터를 타고 그곳까지 올라가 보았습니다.

샘 아저씨와 개구리 박사님은 절벽 위에 아슬아슬하게 서 있는 소나무 위에 몸을 숨기고 흡혈박쥐의 생활을 엿보기로 했습니다. 처음엔 흡혈박쥐가 무척 더러운 짐승인 줄 알았는데, 뜻밖에도 아주 정성스럽게 오랫동안 몸을 깨끗이 씻고 있었습니다. 또, 서로 몸을 핥아 주는 것을 무척 좋아했습니다.

"음, 흡혈박쥐들을 처치할 좋은 방법이 생각났어요. 살아있는 놈 한 마리만 잡으면 저놈들을 모조리 없앨 수 있을 거예요."

"흡혈박쥐 한 마리를 사로잡는 건 어렵지 않아요. 양 우리에 가면 다리에서 흐르는 피를 핥는 놈들이 있을 테니까요. 아마 양이 쓰러져 죽기까지 그곳을 떠나지 않을 테죠."

"좋아요! 어서 양 우리로 갑시다."

명탐정 샘 아저씨는 재빨리 헬리콥터를 몰고 마을로 돌아왔습니다.

그리고 양 우리 안에 올가미를 만들어 놓고, 우리 밖에 몸을 숨긴 채 밤이 되기를 기다렸습니다.

이윽고 밤이 되자, 흡혈박쥐 몇 마리가 다시 양 우리로 들어왔습니다. 그리고 곧 샘 아저씨가 만들어 놓은 올가미에 걸려들었습니다.

샘 아저씨와 개구리 박사님은 얼른 올가미에 걸린 흡혈박쥐들에게 달려가 온몸에 독약을 묻힌 다음 놓아주었습니다.

　온몸에 독약이 묻은 박쥐들은 자신들의 보금자리로 돌아왔습니다. 그러자 함께 있던 흡혈박쥐들이 나와서 금방 돌아온 흡혈박쥐들의 몸을 깨끗이 핥아 주었습니다.
　그날 밤 흡혈박쥐들은 모두 죽었습니다. 독약을 먹었으니까요.
　명탐정 샘 아저씨는 개구리 박사님과 함께 다시 헬리콥터에 올랐습니다.
　아름다운 골짜기의 멋진 풍경이 한눈에 들어왔습니다. 명탐정 샘 아저씨는 '휠리리리' 휘파람을 불었고, 개구리 박사님은 느긋한 표정으로 향긋한 꽃향기를 맡았습니다.

아기 꾀꼬리의 죽음

샘 아저씨는 저녁을 먹고 나면 개구리 박사님과 함께 숲 속을 산책하기를 좋아했습니다.

오늘도 샘 아저씨는 개구리 박사님과 함께 저녁 산책을 나섰습니다. 그런데 숲 속에 다다랐을 즈음, 어디선가 슬픈 울음소리가 들려왔습니다.

"누가 울고 있는 걸까요? 어서 가 봅시다."
울음소리를 따라가 보니, 슬픔에 잠긴 꾀꼬리 아주머니가 보였고, 그 옆에는 목숨을 잃은 아기 꾀꼬리 세 마리가 있었습니다.
"꾀꼬리 아주머니, 아기 꾀꼬리들이 어떻게 된 거죠?"
"흑, 흑, 나무, 나무에서……, 떨어져서……, 죽고 말았어요."
꾀꼬리 아주머니가 더듬거리며 겨우겨우 대답했습니다.
"세상에, 아주머니는 둥지에 안 계셨나요?"
"제가, 흑, 흑, 먹이를 찾으러 나간 사이에 그만……. 흑, 흑."
꾀꼬리 아주머니는 한층 더 서럽게 울었습니다.
"꾀꼬리 아주머니, 그만 우세요. 아주머니 탓이 아니에요. 이건 그저 사고일 뿐입니다."
"아니, 아니에요. 내가 곁에서 잘 지켜 주었더라면……. 흑, 흑."

꾀꼬리 아주머니가 어찌나 슬퍼하던지 샘 아저씨의 눈가에도 눈물이 촉촉이 맺혔습니다. 샘 아저씨는 애써 눈물을 삼키며 말없이 구덩이를 파고 아기 꾀꼬리 세 마리를 묻어 주었습니다. 개구리 박사님은 하얀 들꽃 몇 송이를 꺾어 와서 무덤 위에 놓아주었습니다.

샘 아저씨와 개구리 박사님의 따뜻한 위로에 힘입어 꾀꼬리 아주머니는 울음을 그치고 둥지로 돌아갔습니다. 샘 아저씨는 꾀꼬리 아주머니의 둥지를 꼼꼼히 살펴보았습니다. 둥지는 아주 튼튼하게 잘 지어져 있었습니다.

"박사님, 저는 왠지 이 일이 단순한 사고가 아닌 것 같군요."

"뭐라고요? 그럼 누군가 아기 꾀꼬리들을 죽였단 말인가요?"

"제가 꾀꼬리 아주머니의 둥지를 살펴봤는데 아주 튼튼했어요."

"아, 무슨 말인지 알겠어요. 만약, 아기 꾀꼬리 세 마리가 둥지에서 한꺼번에 떨어졌다면 둥지도 같이 나무에서 떨어졌을 거란 말씀이죠? 그런데 둥지는 여전히 나무에 매달려 있었으니……."

"맞아요! 내일 다시 꾀꼬리 아주머니를 찾아가서 얘기를 나눠 봐야겠어요."

다음날 아침, 샘 아저씨와 개구리 박사님은 다시 숲 속으로 갔습니다. 그때 마침, 꾀꼬리 아주머니는 둥지에서 나오고 있었습니다.

"꾀꼬리 아주머니, 저랑 얘기 좀 나누실까요?"

샘 아저씨가 조심스럽게 물었습니다.

"지금은 안 되겠어요."

"아니, 왜요?"

"둥지에 남아 있는 아기 꾀꼬리에게 먹이를 구해 줘야 하거든요."

"네? 아기 꾀꼬리들이 모두 죽은 게 아니었나요?"

47

"네. 아직 한 녀석이 남아 있어요. 이제 제 모든 사랑을 그 아이에게 줄 거예요. 그럼 나중에 다시 뵙죠."

꾀꼬리 아주머니는 서둘러 먹이를 구하러 날아갔습니다.

"박사님, 나무 위로 올라가서 살아남은 아기 꾀꼬리 녀석을 만나 봐야겠어요."

명탐정 샘 아저씨가 나무 위를 올려다보며 말했습니다.

"탐정 선생, 전 멀리뛰기는 자신 있지만 나무 타기는 잘 못 해요."

"그럼 제 등에 업히세요. 같이 올라가 봅시다."

샘 아저씨는 개구리 박사님을 등에 업고 꾀꼬리 아주머니의 둥지가 있는 곳으로 올라갔습니다.

"엄마, 엄마예요? 아이 배고파."

둥지 안의 아기 새가 어미 꾀꼬리가 온 줄 알고 신이 나서 소리쳤습니다.

"아기 꾀꼬리야, 나는 명탐정 샘 아저씨란다. 아저씨한테 아기 꾀꼬리 세 마리가 어떻게 둥지에서 떨어졌는지 얘기해 줄 수 있겠니?"

"저, 저는……, 저는 아무것도……, 몰라요."

둥지 안의 아기 새는 잔뜩 겁을 먹은 것 같았습니다.

"그때 너는 둥지 안에 없었니?"

"아뇨. 있긴 있었는데……, 그냥 한 마리씩 떨어지던걸요."

"그런데 너는 왜 떨어지지 않았니?"

"모, 몰라요……. 으앙……."

아기 새가 울음을 터뜨렸습니다.

"저, 아기 꾀꼬리 세 마리가 어떻게 둥지에서 떨어졌는지 제가 알려 드리죠."

꾀꼬리 아주머니 둥지 옆 키 큰 나무 위에 앉아 있던 새 한 마리가 말했습니다.

"당신은 누구요?"

"저는 두견이랍니다. 어제 꾀꼬리 둥지에 커다란 뱀 한 마리가 들어가 아기 꾀꼬리들을 둥지 아래로 떨어뜨렸어요."

"뱀이 나타났었다고요? 정말 직접 보셨습니까?"

"그럼요. 몸통이 얼마나 굵은지 통나무만 했다니까요."

"뱀이 왜 꾀꼬리 아주머니 둥지 안으로 들어간 걸까요?"

"그거야 아기 꾀꼬리들을 잡아먹기 위해서 아닐까요?"

"그런데 왜 한 마리는 남겨 두었죠?"

"그, 그러니까……, 그건 아마도……, 저는 바쁜 일이 있어서 이만……."

두견 아주머니는 갑자기 말을 더듬거리더니 '휙' 날아갔습니다.

샘 아저씨가 나무에서 내려오자 개구리 박사님이 기다렸다는 듯이 입을 열었습니다.

"탐정 선생! 둥지 안에 있는 아기 새를 살펴보니 어제 죽은 아기 꾀꼬리들보다 몸집이 훨씬 크고 생김새도 다른 것 같습니다."

"뭐라고요?"

샘 아저씨는 한시라도 빨리 꾀꼬리 아주머니를 만나 얘기를 나눠야겠다는 생각이 들었습니다. 그때 마침, 꾀꼬리 아주머니가 둥지로 돌아왔습니다.

"저, 꾀꼬리 아주머니······."

"아, 잠시만 기다려 주세요. 아기 꾀꼬리에게 먹이부터 주고요."

얼마 후, 꾀꼬리 아주머니가 둥지 밖으로 나왔습니다.

"무슨 일인가요?"

"저, 꾀꼬리 아주머니! 지금 둥지 안에 있는 아기 꾀꼬리에 대해 말씀 좀 해 주시겠어요?"

"아, 네. 얼마나 쑥쑥 크는지 아주 건강하고 욕심도 대단하답니다."

꾀꼬리 아주머니의 얼굴에 금세 웃음이 번졌습니다.

"다른 아기 꾀꼬리들과는 사이가 좋았나요?"

"저 녀석이 좀 드센 편이에요. 몸집도 빨리 크고, 먹이 욕심도 많아서 다른 아기 꾀꼬리들의 먹이를 종종 빼앗아 먹었죠. 그런데 그건 왜 물으세요?"
"아무리 생각해도 둥지 안의 아기 새가 아주머니 새끼가 아닌 것 같아서요."
"네? 그, 그럴 리가요? 저는 알을 네 개 낳았고, 알을 품은 후 아기 새 네 마리가 태어났는걸요."
"남아 있는 아기 새의 모습을 잘 살펴보셨나요?"
"둥지 안이 어두워서 잘 보이지 않지만……. 다른 세 녀석과 좀 다르긴 했어요. 가장 먼저 태어났고 욕심이 많았죠. 늘 먹이를 혼자 차지하려고 했으니까요. 특히, 송충이를 좋아했어요."
"송충이요? 음, 이제 아기 꾀꼬리 세 마리가 왜 둥지에서 떨어져 죽었는지 알 것 같군."
명탐정 샘 아저씨가 혼잣말을 했습니다.
"꾀꼬리 아주머니, 둥지 안의 아기 새를 데리고 나와 주시겠어요?"
"물론이죠. 잠시만 기다리세요."
꾀꼬리 아주머니가 아기 새를 데리고 둥지에서 나왔습니다.
"역시 아기 두견이었어!"
샘 아저씨와 개구리 박사님이 동시에 소리쳤습니다.

그 말을 들은 꾀꼬리 아주머니는 찬찬히 아기 새를 살펴보다가 깜짝 놀라서 기절할 뻔했습니다. 꾀꼬리 아주머니를 따라 처음 둥지 밖으로 나온 아기 두견은 신기한 듯 주변을 둘러보느라 정신이 없었습니다.

"아기 두견아, 왜 아기 꾀꼬리들을 둥지 밖으로 밀어냈니?"

"그 녀석들이 없어야 꾀꼬리 아주머니가 구해 오는 먹이를 혼자 차지할 수 있으니까요."

꾀꼬리 아주머니는 아기 꾀꼬리들을 죽인 범인이 아기 두견이라는 사실에 할 말을 잃었습니다.

"그런데 저 녀석이 어떻게 제가 품은 알에서 태어났을까요?"

"꾀꼬리 아주머니, 알을 품고 있을 때 혹시 누가 둥지에 찾아오지 않았나요?"

"그러니까……. 아! 있었어요. 두견 아주머니가 찾아와 자기는 둥지를 잘 못 만든다며 제가 만든 둥지를 살펴보고 싶다고 했어요. 그리고는 제게 잠시만 둥지에서 나가 달라고 하더군요."

"음, 그랬군. 어서 가서 두견 아주머니를 탐정 사무소로 데려오게."

샘 아저씨는 숲 속의 까마귀 경찰관에게 명령한 뒤, 개구리 박사님과 탐정 사무소로 돌아갔습니다.

　얼마 후, 까마귀 경찰관이 두견 아주머니를 데리고 왔습니다.

　"두견 아주머니, 꾀꼬리 아주머니 둥지 안에 있던 아기 새는 아주머니의 새끼가 맞죠?"

　샘 아저씨가 두 눈을 부릅뜨고 두견 아주머니에게 물었습니다.

　"네……, 맞아요. 제발 용서해 주세요. 다 제가 둥지를 만들 줄 몰라서 저지른 일이랍니다."

　"꾀꼬리 아주머니는 알 네 개를 낳았다고 했어요. 두견 아주머니, 알을 몰래 넣고 나서 나머지 알 한 개는 어떻게 했습니까?"

　"꾀꼬리 아주머니가 알이 많아졌다고 의심할까 봐 버렸어요."

　샘 아저씨는 두견 아주머니와 아기 두견을 잠시 가두라고 명령했습니다.

53

"두견 아주머니와 아기 두견을 어찌할 생각이세요?"

개구리 박사님이 조심스럽게 물었습니다.

"저들을 벌주는 것도 중요하지만, 그보다 두견의 둥지 문제를 어떻게 해결해야 할지 생각해 봐야겠어요. 자신들이 둥지를 못 만드니 자꾸 다른 새의 둥지에 알을 낳는 게 아니겠어요?"

"맞는 말이군요."

개구리 박사님도 고개를 끄덕였습니다. 사실, 두견은 송충이를 잡아먹는 이로운 새여서 숲 속 생태 환경을 지키는 데 큰 도움이 되는 새랍니다. 그래서 잘 보호해야 할 필요가 있죠.

"만약 두견의 둥지 문제를 해결하지 못한다면, 이런 일은 또 일어날 수 있어요."

명탐정 샘 아저씨가 걱정스러운 얼굴로 말했습니다.

그때 개구리 박사님이 갑자기 책상을 '탁' 치며 말했습니다.

"좋은 방법이 생각났어요. 우리가 숲 속에 둥지를 만들어서 두견에게 나눠 주면 되잖아요? 그럼 두견들도 다른 새의 둥지에 알을 낳을 필요가 없으니까요."

"그거 좋은 생각이군요."

며칠 후, 숲 속에 아기자기하고 예쁜 새 둥지가 많이 생겼습니다. 둥지 앞에는 작은 글씨로 '두견의 집'이라고 쓰여 있었답니다.

진짜 도둑을 찾아라!

 어느 날 아침, 샘 아저씨의 탐정 사무소에 숲 속 새 왕국의 에일리 공주님이 물건을 도둑맞았다는 신고가 들어왔습니다. 샘 아저씨는 개구리 박사님과 함께 에일리 공주님이 살고 있는 궁전으로 출발했습니다.
 궁전에 도착하니 에일리 공주님이 문 앞까지 나와서 기다리고 있었습니다.
 "샘 아저씨, 어서 오세요. 제가 가장 아끼던 에메랄드 반지와 다이아몬드 목걸이, 금테 안경을 도둑맞았어요."

"그리고 제 노란 비단 띠도 없어졌어요."
에일리 공주님의 시녀 보리도 한마디 거들었습니다.
"지금 그깟 노란 띠가 문제니?"
에일리 공주님이 시녀 보리에게 화를 냈습니다.
"공주님, 그 물건들을 어디에 두셨죠?"
샘 아저씨가 물었습니다.
"제 반지와 목걸이는 화장대 위에, 금테 안경은 침대 옆 탁자 서랍 속에 있었죠."
"그럼, 노란 비단 띠는요?"
샘 아저씨가 시녀 보리에게 물었습니다.
"네, 옷걸이에 걸어 두었답니다."
"어제 이곳에 누가 왔었나요?"
샘 아저씨가 궁전 문지기에게 물었습니다.
"아무도 안 왔습니다."
문지기가 고개를 저으며 대답했습니다.
"정말인가요? 나와 보리는 3층에 있었는데, 도둑놈이 내 방까지 날아왔단 말이군요."

에일리 공주님이 문지기를 쳐다보며 물었습니다.

"네! 정말 아무도 오지 않았습니다. 맹세할 수 있어요."

문지기가 오른손을 번쩍 들어 보이며 대답했습니다.

명탐정 샘 아저씨는 에일리 공주님의 방을 한동안 샅샅이 살피더니 말했습니다.

"공주님의 말처럼 도둑은 날개가 있어서 이 방 안까지 날아들어 온 것이 틀림없는 것 같습니다."

"혹시, 누가 제 물건을 훔쳤는지 알 것 같으신가요?"

"아직 누구라고 말하긴 이르지만 조사하면 곧 밝혀질 겁니다."

샘 아저씨는 개구리 박사님과 함께 오토바이를 타고 숲 속으로 들어갔습니다.

"탐정 선생, 혹시 누구를 의심하고 있는지 여쭤 봐도 될까요?"

개구리 박사님이 조심스럽게 물었습니다.

"까마귀가 의심스러워요. 전에도 도둑질을 한 적이 있거든요."

"까마귀가 정말 에일리 공주님의 물건을 훔쳤을까요?"

 명탐정 샘 아저씨와 개구리 박사님이 탄 오토바이가 숲 속의 커다란 나무 밑에 멈춰 섰습니다. 샘 아저씨는 오토바이에서 내려 나무 위를 향해 큰 소리로 외쳤습니다.

 "이봐, 까마귀 군. 어디 있나?"

 하지만 숲 속은 아무도 없는 것처럼 조용했습니다.

 "혹시 숲 속에 없는 게 아닐까요?"

 개구리 박사님이 물었습니다.

 "그럴 리가 없어요. 까마귀 녀석은 분명히 숲 속에 있어요."

 샘 아저씨는 좀 전보다 더 큰 소리로 까마귀를 불렀습니다.

"까마귀 군, 빨리 나오지 않으면 내가 나무 위로 올라가겠네."

샘 아저씨의 말이 끝나자마자 까마귀가 둥지 안에서 나왔습니다.

"명탐정 샘 아저씨 아니세요? 무슨 일인데 절 찾으세요?"

그러자 샘 아저씨는 번뜩이는 눈으로 까마귀를 노려보았습니다.

"어제 훔쳐 간 물건들을 내놓게나."

샘 아저씨의 말에 까마귀는 히죽히죽 웃으며 이렇게 말했습니다.

"아이고, 누가 명탐정 님 아니랄까 봐, 정말 대단하시네요. 어제 제가 물건을 훔친 걸 어떻게 아셨나 몰라."

까마귀는 둥지 안으로 들어가더니 은화 한 닢을 물고 나왔습니다.

"겨우 이거야? 어서 몽땅 가지고 나와!"

"정말 이게 다예요. 전 어제 은화 한 닢밖에 훔치지 않았어요."

까마귀는 한쪽 다리를 올려 맹세하는 시늉을 해 보였습니다.

"계속 거짓말을 할 텐가? 그럼 에일리 공주님 방에서 반지와 목걸이, 안경, 그리고 비단 띠를 훔친 녀석이 누구란 말이야?"

"그걸 제가 어떻게 알겠어요? 어쨌든 전 아니에요. 못 믿겠다면 제 둥지로 올라와서 찾아보세요."

까마귀의 둥지는 너무 작아서 샘 아저씨가 들어갈 수 없었습니다. 하지만 까마귀의 태도로 보아 거짓말을 하는 것 같지는 않았습니다. 그때 까마귀가 샘 아저씨의 귓가에 대고 이렇게 속삭였어요.

"사실 제가 어제 좀 수상한 녀석을 보긴 했는데……."

"뭐라고? 그게 누군가?"

"어제저녁에 까치 녀석이 작은 보따리를 물고 오는 걸 봤어요."

"음, 그래?"

명탐정 샘 아저씨는 고개를 끄덕였습니다. 까치도 도둑질하는 버릇이 있으니 어쩜 에일리 공주님의 물건들을 훔쳤을지도 모르죠.

명탐정 샘 아저씨와 개구리 박사님은 까치 둥지로 찾아갔습니다.

"까치 군, 어제 에일리 공주님의 물건을 훔쳤지? 어서 내놓게!"

샘 아저씨의 무서운 눈초리에 잔뜩 겁을 먹은 까치는 지금까지 자기가 훔친 물건들을 모두 가지고 나왔습니다. 조개껍데기, 털실, 열쇠 꾸러미, 철사 조각, 구리 조각……. 하지만 에일리 공주님이 잃어버린 물건은 없었습니다.
 까마귀도 아니고 까치도 아니라면, 도대체 누가 에일리 공주님의 물건들을 훔쳐 간 걸까요?

명탐정 샘 아저씨는 한숨을 내쉬며 숲 속을 걷기 시작했습니다. 그 뒤를 개구리 박사님도 천천히 따라 걸었습니다.

얼마쯤 걸었을까요? 눈앞에 작은 공터가 나타났습니다.

"탐정 선생, 저길 좀 보세요!"

공터 한쪽엔 조그만 둥지가 있고, 둥지 앞 양옆으로 작은 나뭇가지가 죽 꽂혀 있어서 마치 가로수 길을 보는 것 같았습니다.

그리고 둥지 앞에는 에일리 공주님이 잃어버린 에메랄드 반지와 다이아몬드 목걸이, 금테 안경과 노란 비단 띠가 가지런히 놓여 있었습니다.

"도대체 저건 누구의 둥지지?"

명탐정 샘 아저씨가 고개를 갸웃했습니다.

"하하하, 둥지를 저렇게 멋지게 꾸미는 새는 정원사새밖에 없죠. 암컷에게 잘 보이기 위해 온갖 보석으로 집을 장식한답니다."
"에일리 공주님의 물건을 훔친 도둑이 바로 저 녀석이었군."
"탐정 선생, 이곳은 정원사새의 신혼집이 분명해요. 아마 신부를 데리러 간 것 같으니 잠시 몸을 숨기고 살펴봅시다."
얼마 후, 정말 정원사새 총각이 정원사새 아가씨를 데리고 나타나 자신이 꾸민 신혼집을 보여 주며 물었습니다.
"자, 어때요? 정말 멋지죠?"

정원사새 아가씨가 수줍은 듯 고개를 숙인 채 아무 말이 없자, 정원사새 총각은 아름다운 장식품을 하나씩 보여 주기 시작했습니다.

"자, 보세요. 이것들은 모두 에일리 공주님이 하던 거예요. 여기 에메랄드 반지와 다이아몬드 목걸이, 금테 안경도 있어요? 갖고 싶지 않아요?"

"갖고 싶어요. 모두 갖고 싶어요."

정원사새 아가씨가 기뻐서 소리쳤습니다.

"그럼 먼저 나와 결혼해 주겠다고 약속해요. 모두 당신에게 드리죠."

"좋아요. 지금 당장 결혼하겠어요."

정원사새 아가씨가 얼른 대답했습니다.

정원사새 총각은 신이 나서 노래를 부르며 춤을 추기 시작했습니다.

그때, 명탐정 샘 아저씨와 개구리 박사님이 정원사새 앞으로 걸어 나왔습니다.

"잠깐, 잠깐만 노래를 멈추게!"

명탐정 샘 아저씨가 소리쳤습니다.

"아가씨의 마음을 얻으려고 도둑질을 하다니 부끄럽지도 않은가!"

"도둑질을 해서라도 사랑하는 아가씨의 마음을 얻어야 결혼을 할 수 있잖아요!"

정원사새 총각이 뻔뻔하게 말했습니다.

그 말을 들은 샘 아저씨는 화가 치솟아 고함을 버럭 질렀습니다.

"당신을 체포하겠소! 지금 당장!"

아기 호랑이의 죽음

"큰일 났어요, 큰일 났어요!"

"어이쿠!"

숲 속의 파수꾼, 사냥개 하치가 샘 아저씨의 탐정 사무소로 뛰어 들어오다가 그만 꿀꿀이 요리사와 부딪히고 말았습니다.

"아이고, 뭐가 그리 급한가!"

꿀꿀이 요리사가 사냥개 하치를 나무랐습니다.

"어, 죄송해요. 샘 아저씨는 어디 계세요?"

하치가 꿀꿀이 요리사를 일으켜 세우며 물었습니다. 그런데 언제 왔는지 명탐정 샘 아저씨가 앞에서 하치를 내려다보고 있었습니다.

"하치, 무슨 일이야?"

"큰일 났어요! 오, 오늘 아침 숲 속을 둘러보다가 아기 호랑이가 죽어 있는 걸 발견했거든요."

"이런! 에메랄드 숲은 자연 보호 구역이야. 호랑이는 보호해야 할 야생 동물인데 어쩌다 이런 일이 생겼담! 어서 가 보자!"

명탐정 샘 아저씨는 개구리 박사님과 함께 서둘러 에메랄드 숲으로 향했습니다.

　사냥개 하치가 이끄는 대로 따라가 보니 눈에 잘 띄지 않는 숲 속 깊은 곳에 아기 호랑이 한 마리가 죽어 있었습니다. 살은 누가 뜯어 먹었는지 거의 찾아볼 수 없고 뼈다귀만 앙상하게 남아 있었죠.

　명탐정 샘 아저씨는 땅바닥에 떨어져 있는 핏자국을 살펴보며 말했습니다.

"어젯밤에 물려 죽었군."

"정말 이상한데? 호랑이는 용맹하기로 소문난 동물인데 호랑이를 물어 죽일 만큼 사나운 동물이 또 있는 걸까?"

개구리 박사님이 잔뜩 긴장한 표정을 지으며 말했습니다.

"글쎄요, 제가 알기로는 없는데요."

하치가 고개를 가로저으며 말했습니다.

"아무튼 이 아기 호랑이는 어떤 맹수에게 잡아먹힌 게 틀림없어. 태어난 지 6개월도 채 안 되었는데, 정말 가엾군."

개구리 박사님과 하치가 이야기를 나누는 사이 샘 아저씨는 깊은 생각에 잠겼습니다.

"호랑이는 늘 혼자 다니잖아요. 아기 호랑이가 혼자 먹이를 구하러 나왔다가 사자나 표범과 같은 맹수에게 잡아먹혔을 거예요."

하치가 아는 체를 하자 샘 아저씨가 혀를 차며 말했습니다.

"쯧쯧쯧, 자네는 숲 속 파수꾼을 오래 했는데도 아직 호랑이의 습성을 제대로 모르는군. 태어난 지 6개월도 안 된 아기 호랑이를 어미 호랑이가 혼자 다니게 내버려 뒀겠나? 호랑이는 한 살이나 두 살은 되어야 혼자 살 수 있어. 그동안 어미 호랑이로부터 사냥과 싸움에 대한 모든 기술을 물려받지."

샘 아저씨의 말에 하치는 너무 창피해서 쥐구멍에라도 숨고 싶었습니다.

날이 어둑해지자, 샘 아저씨는 하치와 개구리 박사님을 데리고 호랑이의 흔적을 찾아 나섰습니다.

에메랄드 숲은 이미 칠흑 같은 어둠에 잠겼습니다. 샘 아저씨와 하치는 냄새 맡는 능력이 뛰어나서 냄새로 호랑이를 찾을 수 있었습니다.

"조심해! 호랑이가 가까운 곳에 있어."

샘 아저씨와 하치, 개구리 박사님은 얼른 수풀 속에 몸을 숨겼습니다.

잠시 뒤, 먹잇감을 입에 문 어미 호랑이가 아기 호랑이 세 마리를 데리고 어슬렁어슬렁 걸어왔습니다. 어미 호랑이는 잡초가 우거진 곳에 먹잇감을 내려놓았습니다. 그러고는 아기 호랑이들은 아랑곳하지 않고 먹잇감을 뜯어 먹기 시작했습니다.

　어미 호랑이가 배불리 먹고 났을 때 먹이는 절반밖에 남지 않았습니다. 어미 호랑이가 비켜서자 아기 호랑이들 중 몸집이 가장 크고 건강해 보이는 녀석이 먹이를 먹기 시작했습니다.

　얼마나 잘 먹는지 어미가 먹는 양과 크게 차이가 나지 않았습니다. 어미 호랑이는 아주 사랑스러운 눈길로 먹이를 먹는 아기 호랑이의 모습을 지켜보고 있네요.

　몸집이 가장 크고 건강한 아기 호랑이가 배불리 먹고 나자 먹이는 아주 조금밖에 남지 않았습니다. 그러자 몸집이 가장 작은 아기 호랑이가 먹이 앞으로 다가섰습니다. 그런데 이게 웬일일까요?

　"어흥!" 하고 어미 호랑이가 무섭게 소리를 지르자 몸집이 가장 작은 아기 호랑이는 겁에 질려 뒤로 물러나는 게 아니겠어요?

　그러자 두 번째로 몸집이 큰 아기 호랑이가 남은 먹이를 몽땅 먹어 치웠습니다. 먹이가 더 이상 남지 않게 되자 어미 호랑이는 아기 호랑이들을 데리고 다시 길을 나섰습니다.

몸집이 가장 작은 아기 호랑이는 오늘도 굶주린 배를 안고 맨 뒤에서 어미 뒤를 따라갔습니다.

호랑이 가족이 모두 떠나고 나서야 샘 아저씨와 하치, 개구리 박사님은 수풀 속에서 나왔습니다.

"어쩜 어미 호랑이가 저럴 수 있죠? 모두 자기 새끼들인데 어째서 똑같이 사랑해 주지 않는 걸까요?"

사냥개 하치가 화가 나서 식식거렸습니다.

"호랑이가 왜 용맹한 동물로 알려지게 되었는지 생각해 봤나?"

샘 아저씨가 하치에게 물었습니다.

"그야 품종이 우수하니까요."

"그리고 한 가지 더 있지. 바로 강한 놈만 살아남기 때문이야."

"그럼, 아까 저희가 본 그 작고 약한 아기 호랑이는 앞으로 어떻게 될까요? 설마 굶어 죽진 않겠죠?"

사냥개 하치가 걱정스러운 얼굴로 샘 아저씨를 바라보았습니다.

"내일 다시 호랑이 가족을 따라다녀 보면 알겠지."

샘 아저씨가 무거운 목소리로 말했습니다.

다음날 저녁, 숲 속이 어둠에 잠기자 어미 호랑이는 아기 호랑이 세 마리를 데리고 다시 먹이를 구하러 나왔습니다. 샘 아저씨와 하치, 개구리 박사님은 멀찍이 떨어져서 호랑이 가족을 따라갔습니다.

밤이 점점 깊어졌지만 어미 호랑이는 아직도 먹이를 잡지 못했습니다. 결국 아기 호랑이 세 마리를 눈에 잘 띄지 않는 동굴 속에 숨겨 두고 혼자 멀리까지 사냥에 나섰습니다.

샘 아저씨는 더 이상 어미 호랑이의 뒤를 쫓지 않고 동굴 옆에서 어미 호랑이가 돌아오기를 기다리기로 했습니다.

시간이 얼마나 흘렀을까요?

먹잇감 사냥에 실패한 어미 호랑이가 나타났습니다. 어미 호랑이는 어둠 속에서 두 눈을 번뜩이며 몇 번이고 주변을 살피다가 동굴로 들어갔습니다. 그리고는 곧 아기 호랑이 세 마리를 데리고 나와 어둠 속을 걷기 시작했습니다.

어느덧 동이 트기 시작했습니다.

굶주린 어미 호랑이는 무척 짜증이 난 것 같았습니다. 갑자기 어미 호랑이가 고개를 높이 쳐들고 슬프게 울부짖었습니다. 그러더니 무엇에 쫓기기라도 하듯 구석지고 으슥한 곳을 찾기 시작했습니다.

명탐정 샘 아저씨는 무언가 좋지 않은 일이 일어날 것만 같은 생각이 들었습니다.

마침내 어미 호랑이는 아기 호랑이들을 데리고 으슥한 곳으로 들어갔습니다. 아기 호랑이들은 어리둥절한 표정으로 어미 호랑이를 쳐다볼 뿐입니다.

어미 호랑이는 더없이 사랑스러운 눈길로 아기 호랑이들의 몸을 하나하나 핥아 주었습니다. 몸집이 가장 작은 아기 호랑이는 이런 어미의 사랑을 처음 받아 보았는지 두 눈을 감고 너

무나 행복한 표정을 지었습니다. 그런데 아기 호랑이의 몸을 핥던 어미 호랑이가 갑자기 아기 호랑이의 목을 물어 버렸습니다.

새빨간 피가 땅 위로 떨어지더니 몸집이 작은 아기 호랑이는 죽은 듯 꼼짝도 하지 않았습니다.

어미 호랑이는 자기가 죽인 아기 호랑이의 살점을 뜯어 먹기 시작했습니다. 남은 아기 호랑이 두 마리도 함께 죽은 아기 호랑이의 살점을 뜯어 먹었습니다.

샘 아저씨는 더 이상 눈을 뜨고 볼 수가 없어 고개를 돌려 버렸습니다. 그리고 사냥개 하치와 개구리 박사님과 함께 조용히 그곳을 떠났습니다.

두둥실 해가 떠오르고 에메랄드 숲에도 새로운 하루가 시작되었습니다. 하지만 명탐정 샘 아저씨와 사냥개 하치, 개구리 박사님은 아무 말도 하지 않았습니다.

아기 호랑이가 왜 죽었는지 밝혀졌지만 누구도 즐겁지 않았기 때문입니다. 가장 먼저 발견된 아기 호랑이도 이렇게 죽은 것일 테니까요.

"어미 호랑이가 어쩜 그럴 수 있죠?"

마침내 하치가 참을 수 없다는 듯 입을 열었습니다.

"어미 호랑이만 탓할 수도 없어. 남은 아기 호랑이 두 마리를 잘 키우려면 그 방법밖에 없었을 테니까. 하지만 이렇게 슬픈 일이 또다시 일어나지 않아야 할 텐데."

명탐정 샘 아저씨가 한숨을 내쉬며 개구리 박사님을 쳐다보았습니다. 그 눈빛은 마치 이렇게 말하는 것 같았어요.

'개구리 박사님, 좋은 방법이 없을까요?'

수수께끼 실종 사건

"윙, 윙, 윙."

샘 아저씨가 아침 식사를 하는데 꿀벌 한 마리가 날아들었습니다.

"저리 가지 못해!"

꿀꿀이 요리사가 수건으로 꿀벌을 쫓으려 했습니다. 하지만 꿀벌은 꿀꿀이 요리사가 휘두르는 수건을 피해 날아다니다가 치즈 케이크 위에 내려앉았답니다.

"하하하, 꿀꿀이 요리사님이 만든 치즈 케이크가 꽃인 줄 알고 꿀을 따러 왔나 봐요."

"명탐정 샘 아저씨, 저는 꿀을 따러 온 게 아니에요. 아저씨께 신고하러 왔어요."

"신고라니? 무슨 일이냐?"

"제 친구들이 모두 사라졌어요."

"뭐라고? 어디로 사라졌는데?"

샘 아저씨는 마지막 남은 토스트 한 조각을 입에 넣으며 말했습니다. 개구리 박사님은 벌써 꿀벌을 따라나설 준비를 마쳤습니다.

　꼬마 꿀벌은 샘 아저씨와 개구리 박사님을 숲 속 골짜기로 안내했습니다. 그곳엔 잎이 넓고 덩굴손 끝에는 꽃처럼 생긴 길쭉한 주머니가 달린 식물들이 무성하게 자라고 있었습니다.

"이곳에서 사라진 게 분명하니?"

샘 아저씨가 주머니처럼 생긴 꽃을 바라보며 꼬마 꿀벌에게 물었습니다.

"네. 여기가 틀림없어요."

한동안 주머니처럼 생긴 꽃을 관찰하던 개구리 박사님이 샘 아저씨에게 말했습니다.

"탐정 선생, 이건 벌레잡이 식물 네펜테스요. 네펜테스는 이 주머니를 이용해 벌레를 잡아먹죠. 아마 꼬마 꿀벌의 친구들도 주머니 안에 들어 있을 거요."

"그럼 어서 제 친구들을 구해야죠."

꼬마 꿀벌이 주머니 안으로 들어가려 했습니다.

"그만둬. 너도 목숨을 잃게 될 거야."

개구리 박사님이 얼른 꼬마 꿀벌을 말렸습니다.

샘 아저씨가 주머니 안을 들여다보니, 정말 꿀벌이 끈적끈적한 액체에 잠겨 죽어 있었습니다.

 "주머니 속에 든 끈끈이액은 벌레잡이 식물 네펜테스의 소화를 도와주는 액체랍니다. 벌레잡이 식물은 이 소화액을 이용해 꿀벌의 몸에 든 영양분을 몽땅 빨아들이죠."
 "이곳에 벌레잡이 식물이 무성한 이유가 있었군."
 샘 아저씨와 개구리 박사님은 벌레잡이 식물에서 멀리 떨어진 곳까지 꼬마 꿀벌을 데려다 준 뒤 탐정 사무소로 돌아왔습니다.

집으로 돌아온 샘 아저씨와 개구리 박사님은 무척 피곤했습니다.

꿀꿀이 요리사가 따뜻한 차 두 잔을 가져왔습니다.

"오늘 사건은 박사님 지식의 도움을 받지 않았다면 해결하지 못했을 거예요."

샘 아저씨는 차를 한 모금 마시며 창밖을 내다보았습니다. 그때, 창틀에 아주아주 작은 새 한 마리가 앉아 있는 게 보였습니다.

"오, 당신은 세상에서 가장 작은 새, 벌새 맞죠? '꿀새', '태양새'라고 불리기도 하죠?"

"네, 맞아요. 저는 그중에서 태양새라고 불리는 걸 가장 좋아해요. 제가 해님을 좋아하거든요."

"그럼 태양새라고 불러 드리죠. 태양새 부인, 무슨 일로 저를 찾아 오셨나요?"

"제 남편이 갑자기 사라졌어요."
태양새 부인이 슬픈 표정으로 말했습니다.
"이런, 또다시 실종 사건이로군."
샘 아저씨가 개구리 박사님을 바라보았습니다.

샘 아저씨와 개구리 박사님은 태양새 부인을 따라 넓은 늪지대에 도착했습니다.

태양새 부인은 술잔처럼 생긴 빨갛고 아름다운 꽃을 가리키며 말했습니다.

"남편이 저기 술잔처럼 생긴 꽃 속에 부리를 넣는 순간, 갑자기 사라져 버렸어요!"

샘 아저씨와 개구리 박사님은 태양새 부인이 가리키는 꽃 쪽으로 다가가자, 달콤한 향기가 풍겨 왔습니다. 술잔처럼 생긴 꽃 안을 들여다보니 태양새 한 마리가 끈적끈적한 액체에 온몸이 감긴 채 누워 있었습니다.

"탐정 선생, 태양새 남편은 이미 죽었어요. 이 꽃 역시 벌레를 잡아먹는 '사라세니아'란 식물이에요. 술잔처럼 생긴 꽃 속에 벌레잡이 식물 네펜테스처럼 끈적끈적한 소화액을 담고 있죠."

샘 아저씨가 한숨을 크게 내쉬며, 태양새 부인에게 다가갔습니다.

"부인, 남편은 벌써 저 사라세니아란 식물에게 목숨을 잃었어요."

"그, 그럴 리가 없어요. 남편은 저와 죽을 때까지 오래오래 함께하겠다고 약속했어요. 그런데 어떻게 혼자 먼저 하늘나라로 가 버렸다는 거죠?"
태양새 부인이 믿을 수 없다는 표정을 지으며 말했습니다.
"믿을 수 없어도 사실입니다. 저 사라세니아 꽃 안에 남편이 죽어 있는 걸 개구리 박사님과 함께 확인했으니까요."
"흑, 흑. 정말이에요?"
태양새 부인이 훌쩍이며 개구리 박사님을 바라보았습니다. 개구리 박사님은 아무 말 없이 고개만 끄덕였습니다.
"세상에, 저렇게 예쁜 얼굴과 향기로 함정을 파놓고 죄 없는 우리 남편을 죽이다니……."
"당신 말이 맞아요, 태양새 부인. 이제 어서 가서 당신 친구들에게 알려 주세요. 저 아름다운 술잔 모양의 꽃에게 절대 가까이 가서는 안 된다고요. 목숨을 잃을 수 있으니까요."
샘 아저씨가 태양새 부인을 위로하며 말했습니다.
태양새 부인이 홀로 외로이 날아가는 모습을 본 샘 아저씨와 개구리 박사님은 슬픔을 감출 수 없었습니다.

사라세니아가 있는 늪지대를 빠져나와 한참을 걸어가니 넓은 풀밭이 나타났습니다. 그때 갑자기 샘 아저씨의 귓가에 아주 작은 목소리가 들려왔습니다.

"명탐정 샘 아저씨, 수만 마리나 되는 내 자식들이 감쪽같이 사라졌어요."

바로, 왕관을 쓴 여왕개미였습니다.

"여왕개미 님, 그렇게 많은 자식들이 어디에서 사라졌나요?"

"저도 잘 모르겠어요. 아침 일찍 나갔는데 지금껏 모두 돌아오지 않고 있으니까요."

"저희도 함께 찾아보죠."

샘 아저씨와 개구리 박사님은 땅을 자세히 살피며 실종된 개미들을 찾았습니다.

잠시 뒤, 개구리 박사님이 힘없는 목소리로 말했습니다.

"음, 찾을 필요가 없겠군. 개미들은 모두 끈끈이주걱에게 잡아먹혔어요."

샘 아저씨는 개구리 박사님이 가리킨 끈끈이주걱이란 식물을 자세히 관찰했습니다. 작은 주걱처럼 생긴 잎사귀가 땅바닥에 납작하게 붙어 있었는데 잎가에 털이 잔뜩 나 있었습니다. 털에서는 끈적끈적한 액체가 묻어 나왔습니다.

샘 아저씨가 코를 대고 '킁킁' 냄새를 맡아보니 향긋한 냄새가 났습니다. 샘 아저씨는 꿀벌과 태양새가 식물에게 잡아먹힌 일을 보았기 때문에 이번에도 개구리 박사님의 말을 믿었습니다. 하지만 여왕개미는 도무지 믿으려 하지 않았습니다.

"아니, 말도 안 되는 소리 하지 말아요. 어떻게 식물이 개미를 잡아먹는다는 거죠?"

"여왕개미 님, 제가 실험 하나를 해 볼 테니, 기다려 보세요."

개구리 박사님은 혼자 그곳을 떠났습니다.

잠시 뒤, 어디서 구했는지 고기 부스러기를 손에 들고 개구리 박사님이 돌아왔습니다.

"자, 보세요."

개구리 박사님은 끈끈이주걱의 잎사귀에 고기 부스러기를 뿌려 놓았습니다. 그 순간, 잎가에 난 털들이 꿈틀꿈틀하더니 고기 부스러기를 꽁꽁 감싸 버리는 게 아니겠어요?

"개미들은 끈끈이주걱의 달콤한 냄새를 맡고 잎사귀까지 올라갔다가 잎가에 난 끈적끈적한 털에 붙잡혀 잡아먹힌 거예요."

"세상에, 수만 마리의 내 자식들이 저렇게 잡아먹히다니……."
여왕개미는 큰 슬픔에 빠졌습니다.
"여왕개미 님, 지금도 주변에 끈끈이주걱이 많이 있어요. 얼른 이곳을 떠나야겠어요."
샘 아저씨의 말에 여왕개미가 샘 아저씨의 몸으로 기어올라 왔습니다. 여왕개미는 샘 아저씨, 개구리 박사님과 함께 위험하기 짝이 없는 그곳을 얼른 빠져나왔습니다.

시끄러운 도시

　명탐정 샘 아저씨와 개구리 박사님은 오토바이를 타고 밤새도록 달려서 B시에 도착했습니다.
　시끌벅적하고 화려한 B시는 공업이 발달한 도시랍니다. 그런데 이곳에서 이상한 사건들이 자꾸 일어난다고 해요. 암탉이 알을 낳

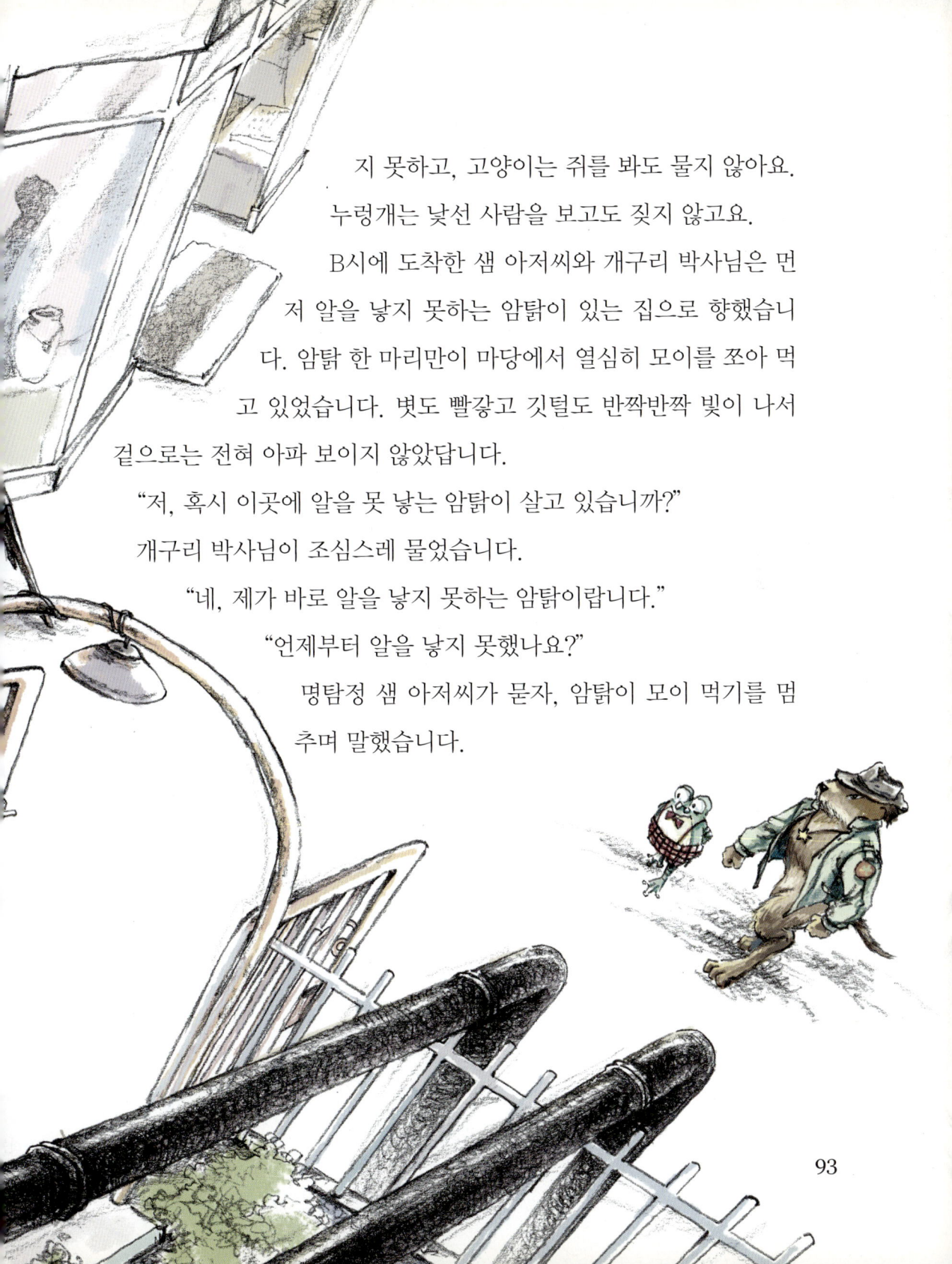

지 못하고, 고양이는 쥐를 봐도 물지 않아요. 누렁개는 낯선 사람을 보고도 짖지 않고요.

B시에 도착한 샘 아저씨와 개구리 박사님은 먼저 알을 낳지 못하는 암탉이 있는 집으로 향했습니다. 암탉 한 마리만이 마당에서 열심히 모이를 쪼아 먹고 있었습니다. 볏도 빨갛고 깃털도 반짝반짝 빛이 나서 겉으로는 전혀 아파 보이지 않았답니다.

"저, 혹시 이곳에 알을 못 낳는 암탉이 살고 있습니까?"

개구리 박사님이 조심스레 물었습니다.

"네, 제가 바로 알을 낳지 못하는 암탉이랍니다."

"언제부터 알을 낳지 못했나요?"

명탐정 샘 아저씨가 묻자, 암탉이 모이 먹기를 멈추며 말했습니다.

"아마 이 도시에 온 지 얼마 되지 않았을 때부터죠."

"예전엔 알을 잘 낳았나요?"

"잘 낳고말고요. 전에 시골에 있을 땐 매일 알을 낳았는걸요. 그런데 이곳에 온 뒤부터 온종일 시끄러운 소리를 듣다 보니 짜증만 날 뿐이에요. 어휴, 시끄러워."

개구리 박사님은 암탉과 샘 아저씨가 나눈 대화를 하나도 빼놓지 않고 노트에 적었습니다. 샘 아저씨와 개구리 박사님은 암탉에게 작별 인사를 한 뒤, 쥐를 보고도 물지 않는 고양이가 있는 집으로 발걸음을 옮겼습니다. 가는 길에 샘 아저씨는 백화점에 들러 진짜 쥐와 꼭 닮은 장난감 쥐를 샀습니다.

"탐정 선생, 장난감 쥐는 왜 산 거요?"

"쥐를 보고도 물지 않는 고양이를 만나면 쓸 데가 있답니다."

샘 아저씨는 웃음 띤 얼굴로 알쏭달쏭한 표정을 지어 보였습니다.

샘 아저씨와 개구리 박사님이 쥐를 보고도 물지 않는 고양이가 사는 집에 도착해서 문을 막 열었을 때였어요. 갑자기 고양이가 샘 아저씨를 향해 달려들었습니다.

"요 쥐새끼 녀석, 어딜 들어오는 게야?"

개구리 박사님은 고양이의 행동에 깜짝 놀라 얼른 옆으로 비켜섰습니다.

"잘 보게. 난 쥐가 아니야. 명탐정 샘이라고 하네!"

샘 아저씨가 고양이의 격앙된 감정을 누그러뜨린 뒤, 장난감 쥐를 땅바닥에 던지며 말했습니다.

"고양이 군, 이게 뭔지 알겠나?"

뜻밖에도 고양이는 장난감 쥐를 무척 좋아했습니다.

"세상에! 자기 원수인 쥐를 몰라보다니!"

개구리 박사님이 고개를 절레절레 흔들며 말했습니다.

"야—옹!"

갑자기 고양이가 큰 소리를 지르며 무척 불안해하는 표정을 짓더니, 다시 장난감 쥐를 갖고 놀며 혼잣말을 했습니다.

"시끄러워, 여긴 너무 시끄러워."

고양이의 집을 떠나며 명탐정 샘 아저씨가 개구리 박사님에게 말을 걸었습니다.

"박사님, 아까 암탉이 했던 말과 지금 고양이가 한 말 기억나세요? 모두 '시끄럽다'고 했어요."

"맞아요. 암탉이 알을 못 낳는 이유와 고양이가 쥐를 물지 않는 이유가 같을지도 모르겠어요."

"자, 그럼 낯선 사람을 보고도 짖지 않는 누렁개가 있는 집으로 가 봅시다."

샘 아저씨와 개구리 박사님이 그곳에 도착했을 때, 누렁개는 정말 명탐정 샘 아저씨와 개구리 박사님을 보고도 짖지 않았습니다. 오히려 히죽거리며 웃기만 했죠.

"안녕하시오!"

샘 아저씨가 누렁개에게 인사를 건넸습니다. 하지만 누렁개는 여전히 웃기만 했습니다.

"그 녀석은 귀먹어 듣지를 못한다오."

"어쩌다 귀가 먹었나요?"

"글쎄요. 산골에서 처음 왔을 때 낯선 사람을 보고 마구 짖어 댔는데 얼마 지나지 않아 저렇게 됐지 뭐요. 휴."

누렁개는 주인이 무슨 말을 하는지도 모른 채 그저 주인을 바라보고 바보처럼 웃기만 했습니다. 그러다 무언가 중얼거리기 시작했습니다.

"뭐라고 하는 거지?"

개구리 박사님이 누렁개에게 가까이 다가가서 귀를 기울였습니다.

"아, 시끄러워. 너무 시끄러워."

누렁개도 암탉과 고양이와 같은 말을 하고 있네요.

누렁개가 있는 집을 나와 명탐정 샘 아저씨는 개구리 박사님과 함께 B시 시내를 둘러보았습니다. 요란한 자동차 경적, 상점에서 물건을 파는 상인들의 고함 소리, 공장에서 기계가 돌아가는 소리……. 정말 시끄럽기 짝이 없었습니다.

개구리 박사님이 목청껏 소리를 질러야 겨우 샘 아저씨에게 들릴 정도였답니다.

"이 도시는 정말 시끄러워요. 소음이 100데시벨이 넘는 것 같아요. 우리가 일상생활에서 나누는 대화 소리가 60데시벨 정도예요. 80데시벨 이상의 소음을 오랜 시간 들으면 청력에 문제가 생길 수도 있어요."

그날 밤, 샘 아저씨와 개구리 박사님은 B시의 소음 때문에 잠을 이루지 못했습니다. 하루만 더 있다간 미쳐 버릴 것 같았습니다.

"탐정 선생, 원인은 B시의 소음 때문인 것 같으니 사건을 마무리 짓는 것이 어떻겠소?"

"개구리 박사님, 그건 저와 박사님의 추측일 뿐이에요. 증거도 없이 사건을 마무리 지을 순 없죠."

명탐정 샘 아저씨는 언제나 신중했습니다.

샘 아저씨와 개구리 박사님은 자신들의 생각이 옳다는 것을 증명해 보이기로 했습니다.

다음날 아침 일찍, 알을 낳지 못하는 암탉, 쥐를 잡지 않는 고양이, 낯선 사람이 와도 짖지 않는 누렁개를 데리고 시끄러운 B시를 떠나 조용한 시골 마을에 도착했습니다.

그리고 며칠 후, 샘 아저씨와 개구리 박사님은 다시 시골 마을에 들렀습니다.

저 멀리서 누렁개 한 마리가 뛰어오는 게 보였습니다.

"혹시 나를 알아보겠니?"

샘 아저씨가 누렁개에게 물었습니다.

"그럼요. 명탐정 샘 아저씨, 그리고 개구리 박사님이시잖아요. 저를 B시에서 이곳 시골 마을로 데려다 주셨잖아요."

"그래. 이제 건강해진 것 같구나. 다시 도시로 가고 싶으냐?"

"아뇨! 절대 안 가요. 도시는 너무 시끄러워요. 저는 조용한 시골이 좋아요."

"혹시 B시에서 함께 온 고양이는 어디 있는지 알고 있니?"

"네, 저를 따라오세요."

누렁개는 샘 아저씨와 개구리 박사님을 데리고 마당이 있는 작은 집으로 들어갔습니다. 고양이는 따스한 햇살을 받으며 늘어지게 낮잠을 자고 있었습니다.

누렁개가 막 고양이를 향해 짖으려 하자 샘 아저씨가 말렸습니다.

샘 아저씨는 오늘도 장난감 쥐를 가지고 왔답니다. 가만히 울타리 뒤에 숨어 있다가 장난감 쥐를 고양이 앞으로 던졌죠.

"야옹!"

고양이는 언제 잠이 깼는지 재빠르게 뛰어올라 장난감 쥐를 잡더니 입으로 물어뜯기 시작했습니다. 그런데 장난감 쥐인 걸 알아채고는 멀리 던져 버렸습니다.

"하, 하, 하!"

샘 아저씨와 개구리 박사님이 웃으며 울타리 뒤에서 나왔습니다.
"명탐정 샘 아저씨와 개구리 박사님께서 오셨군요."
고양이가 쑥스럽게 웃었습니다.
"고양이 군, 대낮에 그렇게 곯아떨어지다니, 밤엔 잠 안 자고 뭐 하나?"
개구리 박사님이 물었습니다.
"헤헤헤, 밤엔 쥐를 잡느라 눈코 뜰 새 없거든요. 어제도 쥐를 세 마리나 잡았는걸요."
고양이가 어깨를 으쓱하며 대답했습니다.
그때, '꼬꼬댁 꼬꼬!' 하고 암탉의 울음소리가 들렸습니다.
"어라? 암탉이 또 알을 낳았나 보네."
고양이가 말했습니다.
암탉은 명탐정 샘 아저씨와 개구리 박사님을 보고 너무나 반가워 뛰어왔습니다.

"명탐정 샘 아저씨, 개구리 박사님, 저를 시골로 데려와 주셔서 너무 감사해요. 이젠 매일매일 알도 낳는답니다."

암탉이 수줍게 웃으며 말했습니다.

암탉과 고양이, 누렁개가 모두 건강해진 것을 확인하자, 샘 아저씨와 개구리 박사님도 기쁨을 감출 수 없었습니다.

"드디어 이 사건을 마무리 지을 수 있겠군요. 암탉과 고양이, 누렁개의 몸이 이상해진 건 분명 도시의 시끄러운 소음 때문이었어요. 자, B시로 갑시다."

"아니, 탐정 선생, B시에는 왜 또 간다는 겁니까?"
개구리 박사님이 고개를 갸웃하며 물었습니다.
"B시에 가서 시장을 만나야 해요. 하루라도 빨리 도시의 소음을 줄여야 하니까요. 그렇지 않으면 더 큰 재앙이 닥칠지도 몰라요."
명탐정 샘 아저씨와 개구리 박사님은 오토바이를 타고 다시 B시로 향했습니다.

꼬리에 꼬리를 무는 사건

명탐정 샘 아저씨의 탐정 사무소 뒤에는 초록색 카펫을 깔아놓은 것처럼 잘 정돈된 들판이 있습니다. 들판 가운데엔 커다란 파라솔이 꽂혀 있죠.

샘 아저씨는 오늘도 파라솔 아래에 누워 꿀꿀이 요리사의 간식을 먹으며, 개구리 박사님과 생태계에 대해 이야기를 나누었습니다.

"박사님, 먹이사슬이 뭔가요?"

"생태계에서 먹이를 중심으로 먹고 먹히는 관계를 '먹이사슬', 또는 '먹이연쇄'라고 한답니다."

"그렇군요, 그런데 먹이사슬과 생태계 균형은 어떤 관계인가요?"

"먹이사슬로 연결이 되어 있는 생물들은 그 연결 고리를 따라 서로의 생활에 영향을 끼칩니다. 만약, 어느 한 연결 고리에 문제가 생기면 전체 먹이사슬이 무너질 수 있답니다."

개구리 박사님은 오랜만에 자신의 지식을 뽐내며, 샘 아저씨에게 정성껏 설명해 주었습니다.

하지만 샘 아저씨는 여전히 알듯 모를 듯한 표정을 지었습니다.

"그러니까 예를 들어서……."

개구리 박사님이 다시 설명을 하려고 할 때였습니다. 갑자기 꿀꿀이 요리사가 허겁지겁 뛰어왔습니다.

"탐정 선생, 방금 라디오에서 들었는데, 에메랄드 숲 속 근처에 있는 마을의 가축이 절반이나 목숨을 잃었대요."

"뭐라고요? 마을 이름이 뭐라고 하던가요?"

"아이고, 그건 못 들었어요."

꿀꿀이 요리사가 고개를 저었습니다.

"이런!"

개구리 박사님이 다급한 마음에 발을 동동 굴었습니다.

"박사님, 헬리콥터를 타고 찾아보죠."

샘 아저씨와 개구리 박사님은 헬리콥터를 타고 에메랄드 숲으로 날아갔습니다.

개구리 박사님은 망원경을 꺼내 에메랄드 숲 근처에 있는 마을들을 자세히 살펴보았습니다.

"탐정 선생, 저기, 저길 좀 보세요."

개구리 박사님이 가리키는 곳을 내려다보니 소, 돼지, 양떼가 줄지어 걸어가고 있었습니다. 그리고 그 옆에서 사람들이 채찍을 휘두르며 가축들의 발길을 재촉하고 있었습니다.

샘 아저씨는 곧 마을 근처에 헬리콥터를 내려놓았습니다. 그리고는 가축을 몰고 가는 할아버지에게 물었습니다.

"할아버지, 가축들을 몰고 어디 가세요?"

"표범을 피해 이 마을을 떠나는 거요."

"표범이요?"

생각지도 못한 할아버지의 대답에 샘 아저씨는 깜짝 놀랐습니다.

"그렇다오. 표범이 소중한 가축들을 해쳐 대니, 우리가 이곳을 떠나는 수밖에."

할아버지는 어쩔 수 없다는 표정을 지으며 가축들을 몰고 다시 발걸음을 옮겼습니다.

"숲 속에 사는 표범이 왜 마을로 내려와 가축들을 해치는 거지?"

샘 아저씨는 숲 속 파수꾼 사냥개 하치에게 물어보기로 했습니다.
하치는 샘 아저씨와 개구리 박사님이 올 줄 이미 알고 있었던 눈치입니다.
"명탐정 샘 아저씨, 왜 오셨는지 알아요. 숲 속에 사는 표범들이 왜 마을에 내려가서 가축들을 잡아먹었는지 궁금하신 거죠?"
"그래, 맞아. 어서 말해 보렴."
"이유는 간단해요. 표범의 수가 너무 많아진 탓이죠."
"표범의 수가 많아지다니?"
"탐정 선생, 이게 바로 먹이사슬의 연결 고리에 문제가 생긴 사례예요. 그래서 생태계 균형이 무너진 거죠."
개구리 박사님이 재빨리 말했습니다.
"탐정 선생, 빨리 조치를 하지 않으면 생태계 전체가 위험해질 거예요."

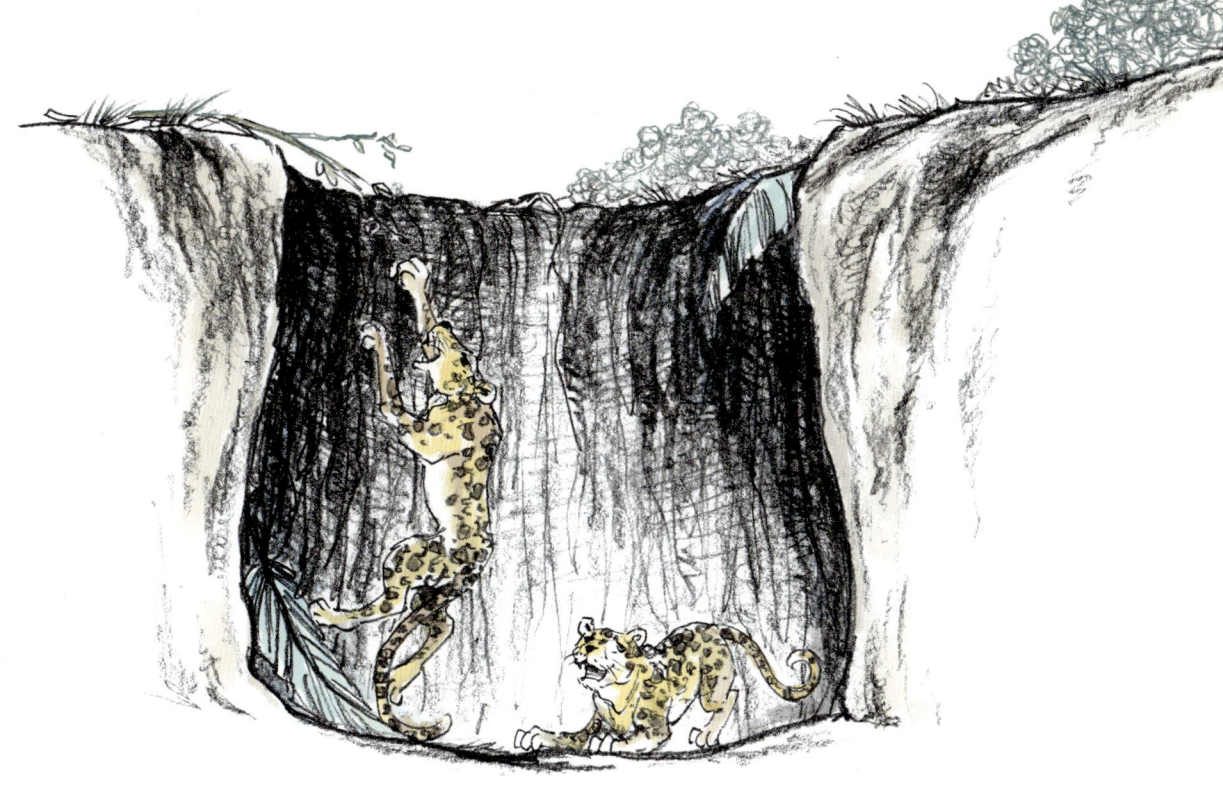

그렇다면 어떻게 해야 할까요? 당연히 표범의 숫자를 줄여야 해요. 그래서 특수 부대 군인 아저씨들이 에메랄드 숲으로 출동했습니다. 표범이 자주 나타나는 곳에 구덩이를 파놓고 표범이 빠지면 사로잡아 동물원으로 보냈습니다.

그렇게 몇 달이 흐르자, 마을에는 더 이상 표범이 나타나지 않았고 마을 사람들과 가축들은 다시 평화로운 날을 보내게 되었습니다.

샘 아저씨와 개구리 박사님도 한숨을 돌렸습니다.

"이제 다 해결되었어요. 개구리 박사님, 우리도 슬슬 여행이나 떠납시다."

"그러죠, 탐정 선생. 어디로 가면 좋을까요?"

그때였습니다. 명탐정 샘 아저씨와 개구리 박사님이 한참 여행 이야기를 하는 사이 꿀꿀이 요리사가 다시 헐레벌떡 뛰어왔습니다.

"탐정 선생, 또 문제가 생겼나 봐요. 마을에 사는 할아버지 한 분이 신고하러 오셨어요."

샘 아저씨와 개구리 박사님이 탐정 사무소에 들어가니 전에 만났던 할아버지가 계셨습니다.

"탐정 선생, 큰일 났소."

"아니, 또 표범이 나타났나요?"

"이번엔 표범 짓이 아닌 것 같소. 가축들은 무사한데 옥수수 밭이 엉망이 되었다오."

"혹시 누구 짓인지 아시겠어요?"

"글쎄요. 순식간에 나타났다 사라지니 알 수가 있어야 지. 이번에도 탐정 선생과 개구리 박사가 수고를 해 주 셔야겠소."

샘 아저씨와 개구리 박사님은 고개를 끄덕였습니다. 둘은 다시 헬리콥터를 타고 마을로 날아갔습니다.

옥수수 밭 위에서 내려다보니, 통통하게 잘 익은 옥수수를 한두 입 베어 물다 말고 버린 것들이 수두룩하게 땅바닥에 떨어져 있네요.

"이럴 수가! 이렇게 잘 익은 옥수수를 모두 못 쓰게 만들다니."

"옥수수를 베어 문 모양새를 보니 아무래도 원숭이 녀석들 짓 같아요."

개구리 박사님이 말했습니다.

"그럴지도 모르죠. 하지만 밭 전체를 이렇게까지 엉망으로 해 놓을 줄이야……."

샘 아저씨는 옥수수 밭 근처에 헬리콥터를 내렸습니다. 벌써 날이 저물고 있었습니다.

그때, 숲 속에서 들릴 듯 말 듯한 울음소리가 희미하게 들렸습니다. 샘 아저씨와 개구리 박사님은 얼른 근처 밭고랑에 몸을 숨겼습니다. 울음소리가 점점 더 또렷하게 들려왔습니다.

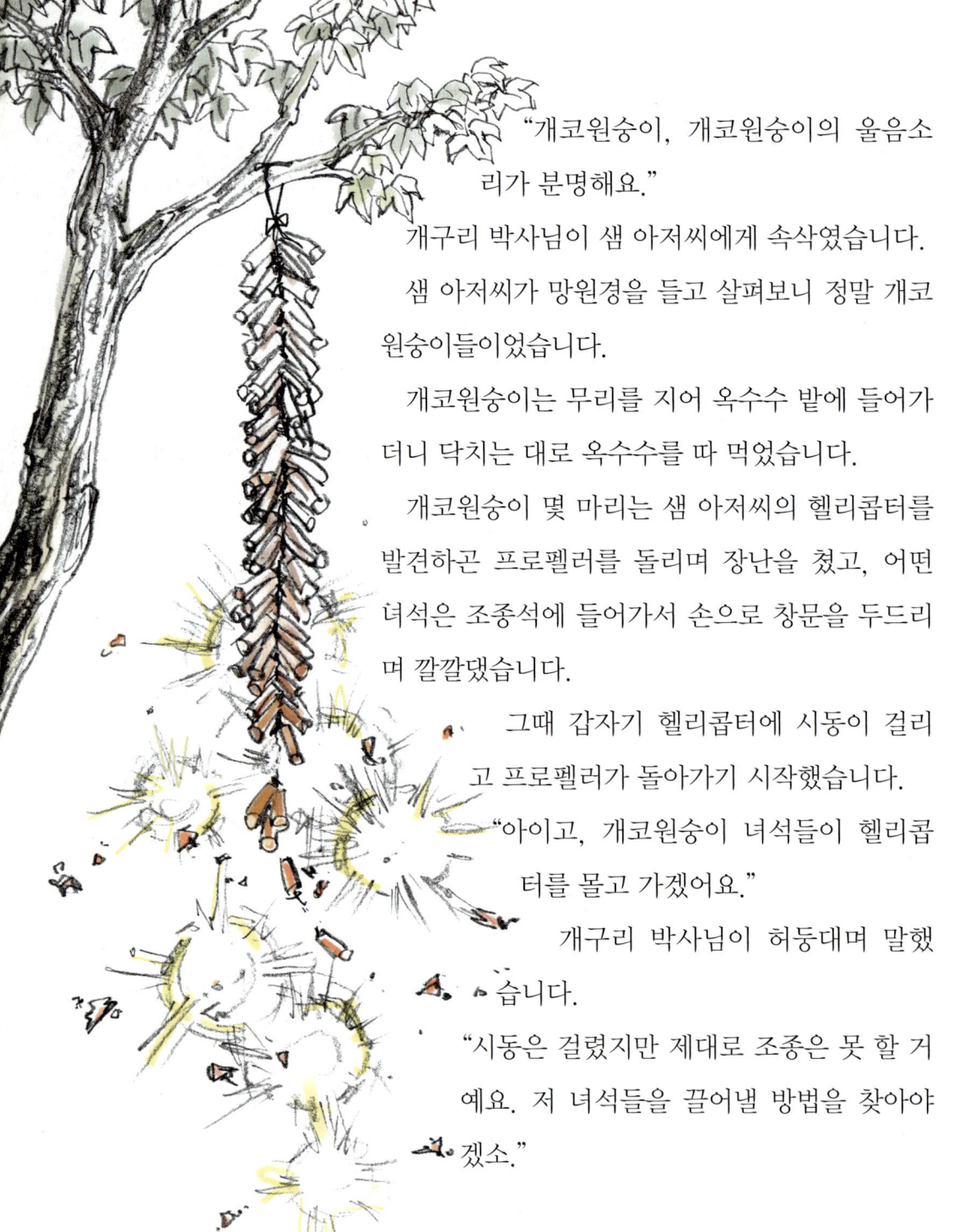

"개코원숭이, 개코원숭이의 울음소리가 분명해요."

개구리 박사님이 샘 아저씨에게 속삭였습니다.

샘 아저씨가 망원경을 들고 살펴보니 정말 개코원숭이들이었습니다.

개코원숭이는 무리를 지어 옥수수 밭에 들어가더니 닥치는 대로 옥수수를 따 먹었습니다.

개코원숭이 몇 마리는 샘 아저씨의 헬리콥터를 발견하곤 프로펠러를 돌리며 장난을 쳤고, 어떤 녀석은 조종석에 들어가서 손으로 창문을 두드리며 깔깔댔습니다.

그때 갑자기 헬리콥터에 시동이 걸리고 프로펠러가 돌아가기 시작했습니다.

"아이고, 개코원숭이 녀석들이 헬리콥터를 몰고 가겠어요."

개구리 박사님이 허둥대며 말했습니다.

"시동은 걸렸지만 제대로 조종은 못 할 거예요. 저 녀석들을 끌어낼 방법을 찾아야겠소."

샘 아저씨는 마을에서 긴 폭죽을 얻어 와서 나무에 걸었습니다.

조종석에 앉은 개코원숭이 녀석이 어떻게 했는지 헬리콥터가 막 하늘로 떠오르려고 할 때였습니다.

"뻥, 뻥, 뻥, 뻥!" 폭죽이 터졌습니다.

폭죽 소리에 놀란 개코원숭이들은 걸음아 날 살려라 하고 숲 속으로 도망쳤습니다.

헬리콥터 조종석에 앉아 있던 개코원숭이 녀석도 뒤도 돌아보지 않고 달아났죠.

옥수수 밭이 다시 조용해졌습니다.

"탐정 선생, 폭죽이 개코원숭이를 쫓는데 효과 만점이군요. 마을 사람들에게 알려 줘야겠어요."

"음, 하지만 근본적인 해결 방법은 아니죠. 개코원숭이들은 머리가 아주 좋아요. 폭죽이 소리만 요란하다는 것을 알게 되면 또다시 몰려올 거예요. 개구리 박사님, 에메랄드 숲 속에 개코원숭이 숫자가 왜 갑자기 많아진 거죠?"

"이번에도 아마 생태계 균형이 무너진 탓일 거예요."

"네?"

"표범은 개코원숭이를 잡아먹죠. 그런데 지난번에 특수 부대 군인들이 표범을 많이 잡는 바람에 그 숫자가 엄청 줄어들었어요. 그러니 개코원숭이 숫자가 늘어날 수밖에요."

"그럼 동물원에 있는 표범들을 다시 데려오면 안 될까요?"

"그것 좋은 생각이에요. 생태계 균형을 다시 맞춰 보죠."

특수 부대 군인 아저씨들이 동물원에 보냈던 표범 가운데 일부분이 다시 에메랄드 숲 속으로 돌아왔습니다. 생태계 균형이 이뤄지자 마을 사람들도 표범, 개코원숭이, 가축, 농작물도 모두 예전의 평화롭고 조화로운 모습을 되찾게 되었답니다.

시퍼런 연기를 뿜는 마귀의 정체

"따르릉, 따르릉."
명탐정 샘 아저씨가 점심을 먹고 있는데 휴대전화 벨이 울렸습니다.
"여보세요, 탐정 사무소입니다……."

"명탐정 샘 아저씨인가요? 저는 C시에 사는 페르시안 고양이 부인이에요. 지금 우리 시에 마귀가, 마귀가 나타났어요……."

"마귀라고요? 흥분하지 마시고 천천히 말씀해 보시죠."

샘 아저씨는 혹시 장난 전화일지도 모른다는 생각이 들었습니다.

"우리가 어떻게 흥분하지 않겠소?"

전화기 너머로 또 다른 목소리가 들려왔습니다.

"당신은 누구십니까?"

"나는 페키니즈 개 신사요. 지금 C시 하늘에 마귀가 나타나 시퍼런 연기를 마구 내뿜고 있소이다. 수많은 사람과 가축이 병원 신세를 지고 있다고요."

"정말입니까? 그럼 지금 바로 가겠습니다."

명탐정 샘 아저씨가 헬리콥터에 시동을 걸자, 개구리 박사님도 폴짝 올라탔습니다.

"탐정 선생, 어디로 가시오?"

"C시로 갑니다. C시에 지금 마귀가 나타나 시퍼런 연기를 내뿜고 있다는군요."

"C시라면 공업이 아주 발달한 도시잖아요? 그런 곳에 마귀가 나타나다니 믿어지지 않네요."

샘 아저씨의 헬리콥터가 C시에 가까워지자, 갑자기 시퍼런 연기가 하늘을 가려서 아무것도 보이지 않았습니다.

"탐정 선생, 어떻게 된 거죠?"

"C시에 도착한 것 같아요. 이게 마귀가 내뿜는 연기인지도 모르겠어요."

C시는 온통 시퍼런 연기에 뒤덮여 있었습니다. 샘 아저씨와 개구리 박사님은 헬리콥터에서 내리자마자 연기 때문에 기침을 하기 시작했습니다.

"이런, 방독면도 쓰지 않고 밖으로 나오면 어떡합니까?"

방독면을 쓴 고양이 경찰관이 샘 아저씨와 개구리 박사님에게로 뛰어왔습니다.

"콜록콜록, 이제 막 도착했거든요. 저, 저 시퍼런 연기를 조사하려고, 콜록콜록……."

"혹시 명탐정 샘 선생이십니까? 아이고, 얼마나 기다렸는지 모릅니다. 자, 어서 가시죠."

"저를 기다렸다고요?"

"그럼요, 지금 저 마귀를 잡을 분은 탐정 선생밖에 없답니다."

"정말 마귀가 있소?"

"있다마다요. 페르시안 고양이 부인이 마귀를 분명히 봤다고 했습니다."

"페르시안 고양이 부인이라고요?"

샘 아저씨는 전화로 신고했던 페르시안 고양이 부인이 생각났습니다.

"지금 페르시안 고양이 부인은 어디 계십니까?"

"조금 전 병원에 입원했어요. 제가 병원까지 두 분을 모시고 가죠."

샘 아저씨와 개구리 박사님은 고양이 경찰관이 건네준 방독면을 쓰고 병원에 도착했습니다.

　페르시안 고양이 부인은 샘 아저씨와 개구리 박사님을 보자 침대에서 일어났습니다.
　"명탐정 샘 아저씨, 빨리 저 마귀를 잡아 주세요. 시퍼런 연기 때문에 살 수가 없어요."
　페르시안 고양이 부인은 숨쉬기가 무척 힘들어 보였고, 두 눈은 빨갛게 충혈되어 있었습니다.
　"페르시안 고양이 부인, 마귀를 봤다고 했죠?"
　"마귀가 얼마나 무섭게 생겼는지 아세요? 한 손에 유리병을 들고 있었는데, 그 병에서 저 시퍼런 연기가 나왔다고요."
　"마귀를 어디서 보셨나요?"
　"하늘에서요."
　"마귀가 어떻게 생겼는지 자세히 말씀해 주시겠어요?"

"글쎄요, 어쨌든 너무너무 무섭게 생겼어요."

페르시안 고양이 부인은 고개를 갸웃하며 빨간 눈을 깜빡였습니다.

"그럼, 페키니즈 개 신사께서 좀 말씀해 주시겠어요? 마귀가 어떻게 생겼습니까?"

"난 시퍼런 연기 뒤에 숨어 있어서 못 봤소. 하지만 마귀의 괴상한 웃음소리는 들었다오."

페키니즈 개 신사의 눈도 역시 빨갛게 충혈되어 있었습니다.

병원에서 나온 샘 아저씨와 개구리 박사님은 헬리콥터를 타고 C시의 하늘을 수차례 돌았습니다. 하지만 헬리콥터 모니터에는 마귀의 모습은 나타나지 않았습니다.

"박사님, 보이지 않는 마귀를 쫓아다니기보다는 이 시퍼런 연기의 정체가 무엇인지 먼저 밝혀야겠어요."

개구리 박사님은 실험용 유리병에 시퍼런 연기를 담아 그 성분을 분석하기 시작했습니다. 얼마 지나지 않아 결과가 바로 나왔습니다.

연기는 본래 아무런 색깔이 없는 무색 기체로 알데히드, 오존 등 독성이 있는 화학 물질이 복잡하게 섞여 있었습니다.

"이렇게 독성이 있는 화학 물질이 어떻게 만들어진 걸까요?"

"탐정 선생, C시가 공장이 많고 공업이 발달한 도시란 걸 잊지 마셔야죠. 이곳은 대기오염이 아주 심해요. 여러 공장의 굴뚝에서 낮이나 밤이나 배기 가스를 내뿜기 때문입니다. 하늘 높이 오를수록 기온이 상승해 있는 공기층, 그걸 '역전층'이라고 합니다. 바람도 없고 역전층도 없는 곳에선 연기와 배기가스가 흩어지지 못하죠. 그래서 땅 가까이에 있는 공기층에 쌓여 있다가 빛에 의해 화학 작용이 일어나는 거랍니다."

"그런데 박사님, 방금 연기가 아무 색깔이 없다고 하셨는데 우리 눈으로 보기엔 시퍼렇잖아요?"
"아, 탐정 선생, 헬리콥터를 타고 더 높이 올라가 봅시다."
헬리콥터가 시퍼런 연기를 뚫고 하늘로 올라가니 햇빛이 눈부시게 반짝이고 있었습니다.
"자, 보셨죠? 탐정 선생. 저 배기가스 속에 들어 있는 질소산화물과 탄화수소 성분이 햇빛을 받아 화학 작용을 일으켜서 연기가 시퍼렇게 보이는 거랍니다."

해가 점점 서쪽으로 기울어져 갈 무렵 바람이 불어오니 시퍼런 연기가 걷히고 C시의 모습이 드러났습니다. 꼬리를 물고 달리는 자동차, 오토바이의 행렬, 공장 굴뚝에선 시커먼 연기가 계속 피어올랐습니다.

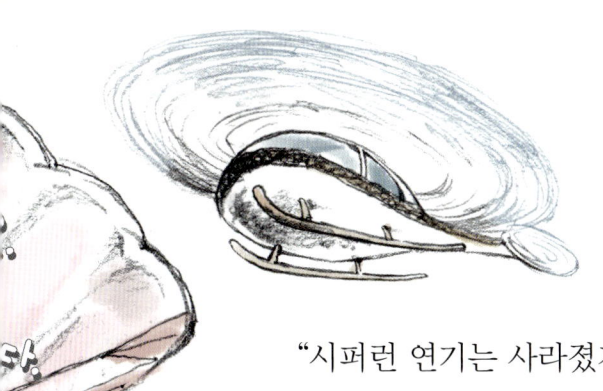

"시퍼런 연기는 사라졌지만 대기오염은 여전해요."
개구리 박사님이 걱정스러운 얼굴로 말했습니다.
그때, 헬리콥터의 무선 라디오에서 뉴스 아나운서의 기쁨에 찬 목소리가 들려왔습니다.
"명탐정 샘 선생이 마침내 마귀를 잡고 시퍼런 연기를 걷히게 했습니다. 드디어 해를 볼 수 있게 됐어요."
"이런! 어떻게 C시 시민들에게 마귀의 정체를 알려 주죠?"
"음, 제게 좋은 방법이 생각났어요. 낙하산만 있으면 돼요."
개구리 박사님이 자신 있게 말했습니다.
얼마 후, C시의 하늘에 커다란 괴물체가 나타났습니다. 괴물체에는 이렇게 쓰여 있었습니다.
'내가 바로 마귀예요. 내 이름은 대기오염이랍니다.'
C시의 시민들과 동물들은 괴물체에 적힌 글씨를 보고 모두 깜짝 놀랐습니다. 그렇게 무서워했던 마귀의 정체가 바로 대기오염이었다니! 그런데 갑자기 하늘에 나타난 괴물체는 과연 누구일까요?

누가 은덩이를 훔쳤을까?

명탐정 샘 아저씨는 오늘도 어려운 사건을 해결하고 헬리콥터를 타고 탐정 사무소로 돌아가는 중이었습니다.

바로 그때, 샘 아저씨의 호출기가 요란하게 울렸습니다. 호출기 모니터에는 이렇게 쓰여 있었습니다.

'해바라기 마을의 금고에 도둑이 들었음. 빨리 출동 바람!'

"누가 호출했나요? 또 무슨 일이 생긴 거죠?"

개구리 박사님이 걱정스러운 얼굴로 물었습니다.

"꿀꿀이 요리사가 보낸 메시지예요. 아무래도 해바라기 마을로 먼저 가 봐야 할 것 같군요. 도둑이 금고를 털었다고 해요."

샘 아저씨는 피곤한 것도 잊은 채 헬리콥터를 해바라기 마을 쪽으로 돌렸습니다.

해바라기 마을에 도착하니 대포알처럼 생긴 스포츠카가 샘 아저씨와 개구리 박사님을 기다리고 있었습니다.

샘 아저씨와 개구리 박사님은 스포츠카를 타고 마을의 금고가 있는 곳으로 향했습니다.

은덩이가 없어진 금고는 땅속 깊은 곳, 길고 좁은 길을 한참 지나서 두꺼운 철문을 3개나 통과해야 들어갈 수 있었습니다. 또한 세 번째 철문을 무사히 통과했어도 주인의 허락 없이 금고에 들어가면 전자 경보음이 울립니다.

"이곳에 은덩이 200개를 두었어요. 그런데 감쪽같이 사라졌지 뭐예요."

금고 주인이 울상을 지으며 벽 구석에 놓인 상자를 가리켰습니다.

샘 아저씨가 상자 쪽으로 다가가서 살펴보니 상자 바닥에는 작은 구멍이 나 있었고, 나무 부스러기도 어지럽게 흩어져 있었습니다.

"도둑이 상자 바닥에 구멍을 내서 은덩이를 가져간 게 분명해요."

"은덩이를 훔쳐 가려 했다면 상자 뚜껑을 열었거나, 구멍을 냈어도 상자 뚜껑에 냈겠죠. 그런데 왜 상자 바닥에 구멍을 뚫은 걸까요?"

상자를 한쪽으로 옮기니 벽에도 구멍이 나 있는 게 보였습니다.

"흰개미로군! 나무 상자 바닥에 난 구멍도 흰개미들이 냈을 거예요."

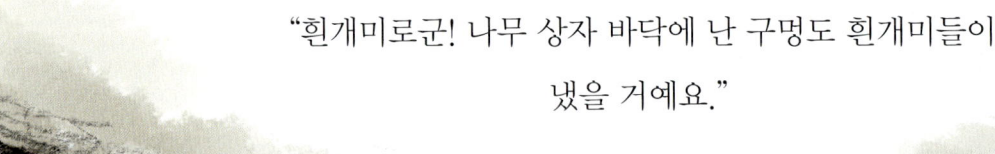

"그럼, 제 은덩이는요? 누가 제 은덩이를 훔쳤단 말인가요?"

금고 주인은 흰개미 얘기는 관심도 없고 오직 자기의 은덩이를 누가 훔쳤는지만 궁금했습니다.

"당신의 은덩이는 아마 흰개미들이 먹어 치웠을 거요."

명탐정 샘 아저씨가 말했습니다.

"뭐라고요? 흰개미가 어떻게 은덩이를 먹는단 말이오?"

금고 주인은 샘 아저씨가 헛소리를 하고 있다고 생각했습니다.

"탐정 선생 말이 맞아요. 당신의 은덩이는 흰개미들이 먹어 버린 게 분명해요."

개구리 박사님도 한마디 거들었습니다.

금고 주인은 돋보기를 들고 와서 상자 바닥을 자세히 살펴보았습니다. 정말, 조각난 은덩이 부스러기가 반짝이고 있었습니다.

"음, 그래도 믿기 어렵군요. 딱딱한 은덩이를 흰개미가 어떻게 먹었을까요?"

"흰개미는 '개미산'이라고 하는 물질을 몸에서 분비한답니다. 이 산성 물질이 은덩이에 닿으면 화학 반응이 일어나서 은덩이가 가루로 변하죠. 그럼 흰개미는 힘들이지 않고 가루로 변한 은덩이를 먹을 수 있답니다."

개구리 박사님이 친절하게 설명해 주었습니다.

"세상에, 이럴 수가! 그럼 내 은덩이는 다시 찾을 수 없겠군요. 200개나 되는데. 엉, 엉, 엉."

금고 주인은 그만 울음을 터뜨리고 말았습니다.

"그만 우세요. 어쩌면 당신의 은덩이를 먹어 치운 흰개미를 찾을 수 있을지도 모르니까요."

"지금 흰개미를 찾아봤자 무슨 소용이에요? 은덩이를 도로 뱉어 내게 할 수도 없는데."

금고 주인은 울음 섞인 목소리로 말했습니다.

잠시 뒤, 샘 아저씨는 누렁개를 불러 흰개미의 굴을 파게 했습니다. 흰개미가 지나다녔던 길에는 곳곳에 은덩이 부스러기가 떨어져 있었습니다. 개구리 박사님이 돋보기를 들고 맨 앞에서 걸었습니다.

지하 동굴을 지나 허허벌판을 건너오니, 철조망이 처진 감옥이 나왔습니다. 감옥 안에서는 무슨 일이 벌어졌는지 여기저기 경보등이 번쩍이고, 경보음이 요란하게 울리고 있었습니다.

"무슨 일이오?"

명탐정 샘 아저씨가 감옥을 지키는 한 경찰관에게 물었습니다.

"감옥에 있던 죄수 한 명이 이곳을 통해 도망쳤답니다."

경찰관은 감옥 벽에 난 커다란 구멍을 가리켰습니다.

"이 구멍을 죄인이 직접 팠단 말이오?"

"감옥 안은 워낙 경계가 삼엄해서 죄인들이 구멍을 팔 만한 도구를 갖고 있을 리가 없어요. 우리도 계속 조사 중입니다."

명탐정 샘 아저씨는 감옥 벽에 난 구멍을 자세히 살펴보았습니다. 돋보기로 보니, 곳곳에 은덩이 부스러기가 떨어져 있었습니다.

"이 구멍은 죄인들이 판 게 아닙니다. 흰개미가 팠어요."

"아니, 작디작은 흰개미들이 어떻게 벽돌에 이런 큰 구멍을 낼 수 있나요?"

경찰관이 깜짝 놀라며 물었습니다.

"사실, 우리도 은덩이 200개를 먹어 치운 흰개미를 쫓아 여기까지 왔다오."

샘 아저씨와 개구리 박사님은 다시 흰개미의 흔적을 쫓기 시작했습니다. 흰개미가 지나간 길에는 어김없이 은덩이 부스러기가 널려 있었으니까요.

"흰개미가 다시 땅속으로 들어갔어요!"

돋보기로 열심히 땅을 살피던 개구리 박사님이 소리쳤습니다.

"우리도 같이 들어갑시다."
샘 아저씨가 말했습니다.

땅을 파고 들어가 보니, 어디선가 향기로운 포도주 냄새가 풍겨 왔습니다. 이곳은 포도주를 보관하는 지하 창고여서 곳곳에 포도주가 가득 담긴 술통이 늘어서 있었습니다. 그리고 어느 술통에서 흘러나온 것인지 땅바닥에 포도주가 흥건히 고여 있고, 그곳에 수없이 많은 흰개미가 떠 있는 게 보였습니다.

"박사님, 이게 어찌 된 일일까요?"

"음, 아무래도 흰개미들이 술통에 구멍을 낸 것 같소. 흰개미들은 술통에서 흘러나온 포도주를 마시고 취한 게 분명해요."

샘 아저씨는 구멍이 난 술통을 금방 찾아냈습니다. 술통 안의 포도주가 모두 쏟아져서 술통은 텅 비어 있었습니다.

샘 아저씨는 술통의 구멍을 막고, 개구리 박사님에게 말했습니다.

"박사님, 흰개미들을 모두 술통 안에 밀어 넣읍시다."

"그럽시다. 지금 이 흰개미들은 아주 값어치가 나가니까요. 뱃속에 은덩이가 가득 들어 있잖소?"

흰개미들을 모두 술통에 담은 샘 아저씨와 개구리 박사님은 술통을 들고 제련소로 향했습니다. 제련소에 도착하자마자 커다란 용광로에 술통을 밀어 넣었습니다.

"개구리 박사님, 은덩이가 몇 개나 나올 것 같습니까?"

"글쎄요? 아마 200개 모두 되찾긴 어려울 거예요. 그래도 199개 정도는 찾을 수 있을 겁니다."

용광로 속에 들어간 술통에서 드디어 은덩이가 나왔습니다. 개구리 박사님의 말대로 199개나 되었죠.

한편, 금고 주인은 은덩이를 못 찾을 거라는 생각으로 그만 슬픔에 잠겨 병원에 입원했답니다.

그런데 샘 아저씨와 개구리 박사님이 은덩이를 되찾았다는 말에 금고 주인은 언제 아팠느냐는 듯이 얼굴에 생기가 돌기 시작했습니다.

"내 은덩이, 은덩이를 찾았어! 저는 은덩이를 다시 찾을 줄 꿈에도 몰랐습니다. 199개를 찾았으니 이만하면 만족한답니다. 감사합니다, 샘 선생. 당신은 정말 명탐정이라 불릴만하군요."

사자 왕의 죽음

날이 막 밝았을 때, 명탐정 샘 아저씨는 열대 밀림에서 보낸 팩스 한 장을 받게 되었습니다. 팩스에는 사자 왕이 죽임을 당했다는 소식이 적혀 있었어요.

샘 아저씨는 아침 식사 중이던 개구리 박사님과 함께 헬리콥터 쪽으로 달려갔습니다.

"누군가 사자 왕의 왕위를 노린 게 분명해요. 옛날부터 왕위를 둘러싼 싸움은 끊이지 않았죠."

헬리콥터가 하늘 높이 떠오르자, 개구리 박사님이 샘 아저씨에게 말했습니다.

"대체 누가 용맹하기로 이름난 사자 왕을 죽인 것일까요? 정말 왕위를 빼앗으려고 그렇게 위험한 모험을 한 것일까요?"

샘 아저씨는 어떤 동물이 감히 사자 왕을 죽일 생각을 했는지 도저히 믿기지 않았습니다.

"이 사건이 해결되면, 그 대담한 범인이 밝혀지겠죠."

이야기를 나누는 사이 헬리콥터는 열대 밀림 지역에 도착했습니다. 샘 아저씨와 개구리 박사님은 사자 왕이 죽임을 당한 곳으로 재빨리 달려갔습니다.

사자 무리가 사자 왕의 시체를 빙 둘러싸고 슬픔에 잠겨 있었습니다. 사자 왕은 흰 뼈다귀만 앙상하게 남아 차마 눈을 뜨고 볼 수 없었답니다.

"세상에! 살점은 모두 먹어 치우고 뼈만 남다니!"

개구리 박사님이 돋보기로 사자 왕의 시체를 들여다보며 말했습니다.

"아무리 왕위를 빼앗으려 했다 해도 이렇게 살점 하나 남기지 않고 모두 먹어 치워 버린 건 좀 이상해요."

샘 아저씨가 눈을 가늘게 뜨고 사자 왕의 시체를 바라보았습니다.

"그럴까요?"

"왕위를 빼앗는 게 목적이었다면 사자 왕을 죽이기만 해도 됐어요. 이렇게 살점 하나 남기지 않고 먹어 치울 이유가 없죠. 사자 왕이 죽임을 당한 건 왕위 때문이 아니라 다른 이유가 있을 거예요."

"탐정 선생의 말이 맞아요. 그런데 누가 사자 왕을 죽이고 살점까지 먹어 치운 걸까요?"

"글쎄요? 세상에 과연 그런 동물이 있는지 궁금해지네요."

한동안 생각에 잠겨 있던 샘 아저씨가 사자 왕의 뼈다귀 위를 기어가는 개미들을 발견했습니다. 개미들의 몸 색깔은 검붉은 색을 띠고

있었고 길이는 1센티미터나 되었습니다.

"이, 이런! 범인은 바로 이 녀석들이었어!"

개구리 박사님도 무시무시하게 큰 개미를 발견하고 깜짝 놀라 소리를 질렀습니다.

"군대개미다!"

사자 왕의 시체를 둘러싸고 있던 사자 무리도 개구리 박사님의 소리를 들었습니다.

"군대개미 따위에게 우리 사자 왕이 목숨을 잃었단 말이오?"
"천하를 호령하던 사자 왕이 이깟 개미에게 죽임을 당했을 리 없어요!"
사자들은 믿을 수 없다는 듯 저마다 한마디씩 내뱉었습니다.
"물론 개미 몇 마리가 사자 왕을 죽일 순 없소. 하지만 수십만 마리, 수백만 마리가 달려들었다면 그건 얘기가 달라요. 엄청난 수의 군대개미가 한꺼번에 사자 왕의 몸에 붙어서 살을 물고 개미산을 쏘아 댔다면 아무리 사자 왕이라고 해도 견딜 수 없었을 거예요. 결국 개미들은 사자 왕의 몸을 야금야금 물어뜯어서 그 살점을 다 먹어 치우고 뼈다귀만 남긴 거죠."

그때, 사자 왕의 아들이 바위 위로 뛰어오르며 소리쳤습니다.
"꼭 아버지의 복수를 하고 말 테야!"
"옳소! 우리 왕을 죽인 놈들에게 복수를 합시다."
젊은 수사자들도 앞으로 달려 나오며 소리쳤습니다.
"그만둬요! 무턱대고 달려든다고 일이 해결되진 않아요! 군대개미들은 이쪽 방향으로 간 것 같군요."
샘 아저씨가 젊은 사자 무리를 말리며 재빨리 말했습니다.
"어떻게 개미들이 있는 방향을 알아낸 거요?"
사자 왕자가 샘 아저씨에게 물었습니다.
"개미는 냄새로 방향을 분별하는 능력이 있소. 저기 무리에서 떨어진 군대개미 한 마리가 보이죠? 저 녀석은 냄새를 따라 자기 무리를 찾아갈 거요."

"자, 돌격!"

샘 아저씨가 말릴 새도 없이 사자 왕자는 군대개미를 밟아 죽이고 젊은 사자 무리를 이끌고 달려가기 시작했습니다.

"어휴, 저렇게 경솔한 녀석들을 봤나!"

샘 아저씨가 고개를 절레절레 흔들며 중얼거렸습니다.

"아버지, 또 왕을 잃었으니 그 심정도 이해가 가죠."

개구리 박사님이 말했습니다.

"혹시 위험에 빠질지 모르니 헬리콥터를 타고 쫓아가 봅시다."

샘 아저씨는 헬리콥터를 타고 아주 낮게 날며 사자 무리와 군대개미 떼가 있는지 자세히 살폈습니다.

"탐정 선생, 군대개미 떼를 쫓아간 사자 무리는 어떻게 될까요?"

"글쎄요? 사자 무리가 군대개미 떼에게 당하지나 않을까 걱정되네요."

"정말 그럴까요?"

"아마 수십만, 수백만 마리의 군대개미 떼가 몰려 있는 모습만 보고도 겁에 질릴지 몰라요."

저 멀리서 젊은 사자 무리의 고함 소리가 들려왔습니다.

"음, 사자 무리가 군대개미 떼를 발견한 것 같군."

샘 아저씨는 헬리콥터를 조종하면서 사자 무리 가까이 다가갔습니다.

"세상에, 이럴 수가!"

망원경으로 땅 위의 군대개미 떼를 본 개구리 박사님은 깜짝 놀라고 말았습니다.

땅은 온통 새까만 군대개미의 물결로 끝이 보이지 않을 정도였습니다. 군대개미 떼는 10개 부대로 나뉘어 여왕개미가 맨 앞에서 부대를 이끌고 양쪽은 병정개미, 가운데는 일개미들

이 줄을 맞춰 위풍당당하게 전진하고 있었습니다.

사자 무리는 엄청나게 많은 군대개미 떼의 모습에 이미 기가 죽었는지 뒷걸음질 치기만 했습니다.

군대개미 떼는 강가에 다다르자 잠시 행군을 멈췄습니다.

"저 녀석들 강을 건너지 못하면 되돌아갈까요?"

개구리 박사님은 군대개미 떼가 어떤 행동을 취하는지 숨을 죽이고 바라보았습니다.

얼마 뒤, 군대개미들은 서로 몸을 부둥켜안고 공 모양을 만들더니, 강 위를 둥둥 떠가기 시작했습니다. 군대개미 떼는 그렇게 무사히 강을 건넜습니다.

"정말 보고도 믿을 수가 없군요."

사자 무리 역시 눈을 동그랗게 뜨고 강가 저쪽에서 군대개미 떼의 행렬을 멍하니 지켜보기만 했습니다.

강을 건넌 군대개미 떼는 다시 본래의 행군 대열을 만들어 전진하기 시작했습니다.

그때 갑자기 맨 앞에서 행군하던 군대개미 정찰 부대가 여왕개미 옆으로 몰려들었습니다. 망원경으로 이 모습을 지켜본 개구리 박사님이 소리쳤습니다.

"무슨 일이 있는 것 같아요!"

"앞으로 날아가서 살펴봅시다."

샘 아저씨는 헬리콥터를 몰고 군대개미 떼보다 앞서 날아갔습니다.

"이런! 코끼리 한 마리가 구덩이에 빠졌어요. 군대개미 떼가 몰려오면 코끼리는 목숨을 잃고 말 거예요. 어서 방법을 찾아야 해요!"

"탐정 선생, 저 군대개미 떼에게 불을 놓으면 어떨까요?"

개구리 박사님이 샘 아저씨를 쳐다보며 다급한 목소리로 말했습니다.

"그건 안 돼요! 그럼 숲 전체가 타 버릴 거예요."

군대개미 떼는 점점 코끼리가 빠진 구덩이 쪽으로 다가왔습니다.

위급한 상황이었지만 명탐정 샘 아저씨는 그럴수록 침착하게 생각을 정리했습니다.

"군대개미는 햇볕이 강하게 내리쬐는 곳에선 침과 흙을 섞어 지하 통로를 만들어 지나간다고 들었어요."

"맞아요. 군대개미는 빛을 무서워해요!"

개구리 박사님이 맞장구를 치며 말했습니다.

"조명탄을 터뜨립시다!"

개구리 박사님이 헬리콥터에서 조명탄을 찾아 군대개미 떼가 있는 곳에 떨어뜨렸습니다.
'꽝!' 하는 소리와 함께 조명탄이 터지며 햇빛보다 더 밝은 빛이 주변을 환하게 비췄습니다. 군대개미 떼는 순식간에 대열이 흐트러지며 모두 죽어 버렸습니다.
"탐정 선생, 성공했어요. 우리가 성공했다고요."
개구리 박사님은 기뻐서 어쩔 줄 몰랐습니다.
"기뻐하긴 일러요. 구덩이에 빠진 코끼리를 구해 내야 하니까요."
샘 아저씨는 사건을 잘 해결할 뿐만 아니라 정말 인정도 많은 분이랍니다.

검은 먼지바람의 비밀

　해님이 두둥실 떠오르며 오늘도 B시의 활기찬 하루가 시작되었습니다.
　B시의 시장은 자동차에서 내려 시청 시장실로 올라가고 있습니다. 도로를 가득 메운 자동차의 홍수, 공장과 회사, 학교로 바삐 발걸음을 옮기는 사람들, 바쁜 도시의 일상이 시작되자 나뭇가지에서 지저귀는 새 소리에는 아무도 관심이 없는 것 같습니다.

유모차를 밀고 가는 젊은 엄마의 미소만이 따스한 햇살과 어우러져 싱그러운 아침을 맞이할 뿐이죠.

B시엔 꽤 오랫동안 비가 내리지 않았습니다. 나뭇잎은 점점 메말라 가고 도시 근교의 논밭은 가뭄 때문에 농작물이 잘 자라지 않았습니다. 사람들은 비가 오기만 기다리고 있답니다.

오전 10시쯤 되었을 때, 갑자기 검은 먹구름이 밀려오더니 햇빛을 완전히 가렸습니다.

B시의 시장은 창문을 열고 하늘을 바라보았습니다.

"음, 오늘은 드디어 비가 오겠군."

시장의 얼굴에 웃음이 번졌습니다.

거리를 지나는 시민들도 비가 올 거라며 기쁨에 들떴습니다. 하지만 어찌 된 일인지 비는 내리지 않고 바람만 세차게 불기 시작했습니다.

흙먼지를 가득 품은 바람이 어찌나 세게 부는지 마치 밤이 된 것처럼 B시는 캄캄해졌습니다.

"이게 어떻게 된 일이지? 왠지 안 좋은 일이 생길 것 같아."

사람들은 불안에 떨기 시작했습니다. 하지만 시장은 당황하지 않고 천문학자를 불러 물어보았습니다.

"일식 현상인가요?"

"아닙니다, 시장님. 일식은 달이 지구와 태양의 가운데에 놓여 태양의 일부나 전부를 가려서 햇빛이 지구에 비치지 않는 현상을 가리키죠. 하지만 오늘은 수백 미터에 달하는 검은 먼지바람이 태양을 가려서 햇빛이 사라진 거랍니다."

천문학자가 대답했습니다.

"검은 먼지바람이라고요? 우리 B시는 언제나 햇빛이 잘 들고, 기후가 쾌적하기로 소문난 도시인데 도대체 어디서 검은 먼지바람이 불어온 거죠?"

"시, 시장님, 제, 제 생각엔, 아, 아무래도 100년 전 예언이……."

"100년 전 예언이라니? 그게 무슨 말이오?"

"시장님, 혹시 100년 전 사람과 원숭이 사이에 벌어졌던 전쟁을 기억하시나요?"

"기억하다마다요. 우리 조상들이 용감하게 싸워 이긴 그 전쟁을 어떻게 잊을 수 있겠소."

100년 전, B시와 B시 주변의 논밭은 나무가 울창하게 우거진 숲이었습니다. B시 시장의 할아버지가 100년 전에 사람들을 데리고 이곳을 개발하러 왔었죠. B시 시장의 할아버지는 아주 유명한 도시 설계사였답니다.

그때부터 조용하던 숲 속에 나무 베는 소리와 나무가 넘어지는 소리가 그치지 않았습니다. 그리고 아주 비옥한 땅이 그 모습을 드러냈죠.

조상 대대로 이 숲 속에서 살아온 긴꼬리원숭이들은 자신들의 보금자리를 지키기 위해 사람들과 목숨을 건 전쟁을 시작하게 되었습니다. 하지만 아무리 머리 좋고 민첩한

긴꼬리원숭이라고 해도 활과 총을 가진 사람들과 맞서기엔 힘이 턱없이 부족했습니다.

수많은 긴꼬리원숭이들이 목숨을 잃었고, 긴꼬리원숭이 왕은 얼마 남지 않은 무리를 이끌고 에메랄드 숲 속으로 달아날 수밖에 없었답니다.

긴꼬리원숭이 왕은 오랫동안 정들었던 숲을 떠나며 분노 가득한 목소리로 이렇게 말했습니다.

"우린 어쩔 수 없이 쫓겨나지만 복수의 여신은 우릴 기억할 것이오. 100년 후 복수의 여신이 당신들에게 재앙을 내릴 테니 두고 보시오!"

하지만 당시 시장의 할아버지는 긴꼬리원숭이 왕의 말에 콧방귀를 뀔 뿐이었습니다. 그리고 밤낮으로 열심히 일을 하여 긴꼬리원숭이들이 피를 흘리며 죽어 간 땅 위에 아름다운 도시를 만들었습니다.

　지금도 B시 중앙 광장에는 시장 할아버지의 동상이 위풍당당하게 세워져 있습니다. 100년이 지나는 동안 사람들은 B시를 세운 시장 할아버지의 업적과 공로를 기릴 뿐, 긴꼬리원숭이 왕의 예언 따윈 까마득하게 잊어버리게 되었습니다. 그리고 오늘 천문학자가 100년 전 예언을 다시 꺼낸 것이죠. B시 시장이 곰곰 따져 보니 올해가 정말 B시가 생긴 지 딱 100년이 되는 해였습니다.

　"정말 복수의 여신이 있을까요? 어떻게 하면 좋죠?"

　B시 시장은 얼굴이 새파랗게 질렸습니다.

　"복수의 여신을 잡을 방법이 있을 거예요."

　천문학자가 말했습니다.

"옳은 말이오! 복수의 여신을 잡기만 하면 이 검은 먼지바람을 사라지게 할 수 있을 거요. 저, 그런데, 어떻게 잡죠?"

"명탐정 샘 선생에게 부탁해 봅시다. 틀림없이 복수의 여신을 잡아 올 거예요."

"자, 그럼 한시라도 빨리 명탐정 샘 선생을 불러 와요."

천문학자의 연락을 받은 샘 아저씨는 개구리 박사님과 함께 헬리콥터를 타고 B시로 향했습니다.

샘 아저씨가 도착했을 때, B시는 여전히 검은 먼지바람에 뒤덮여 있어 마치 어두컴컴한 밤의 도시 같았습니다.

거리에도 건물에도 나뭇잎과 가지에도 또, 중앙 광장에 놓인 B시 시장 할아버지의 동상에도 검은 먼지가 가득 쌓여 있었습니다. 새들도 하늘을 날다가 세찬 먼지바람 때문에 땅에 떨어져서 버둥거렸고 사람들은 숨쉬기조차 힘이 들었습니다.

B시 시장은 중앙 광장에 나와 명탐정 샘 아저씨와 개구리 박사님을 맞이했습니다.

　　"명탐정 샘 선생, 잘 오셨소. 이 검은 먼지 바람을 해결해 주실 분은 당신뿐이오."

　　B시 시장은 샘 아저씨의 손을 잡으며 진심을 다해 말했습니다.

　　천문학자가 100년 전 B시가 만들어지기까지 일들을 명탐정 샘 아저씨와 개구리 박사님에게 자세히 들려주었습니다.

　　이야기를 다 들은 샘 아저씨가 시장과 천문학자를 번갈아 보며 말했습니다.

　　"시장님, 지금 에메랄드 숲 속에 살고 있는 긴꼬리원숭이들이 어쩌면 100년 전에 도망친 긴꼬리원숭이 왕의 자손일지도 모르겠소. 에메랄드 숲 속으로 가서 긴꼬리원숭이들을 만나 봐야겠소."

　　"맞는 말이에요."

　　개구리 박사님이 얼른 맞장구를 쳤습니다.

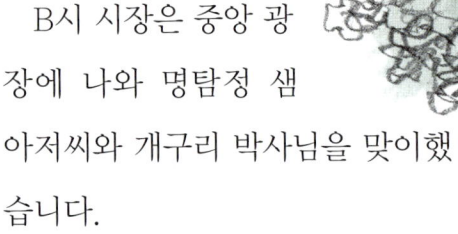

 샘 아저씨와 개구리 박사님은 다시 헬리콥터를 타고 에메랄드 숲으로 향했습니다.
 긴꼬리원숭이들은 에메랄드 숲 속 깊은 곳에서 살고 있었습니다. 지금의 원숭이 왕은 100년 전 에메랄드 숲으로 도망쳐 온 긴꼬리원숭이 왕의 7대 자손이었습니다.
 샘 아저씨와 개구리 박사님으로부터 B시의 상황을 들은 원숭이 왕은 코웃음을 치며 말했습니다.
 "흥, 과연 우리 조상들의 말이 맞았군. 사람들이 드디어 복수의 여신의 재앙을 받게 됐으니까."
 "원숭이 대왕님, 지금 B시는 검은 먼지바람 때문에 큰 고통을 겪고 있어요. 자비를 베푸셔서 복수의 여신에게 더 이상의 재앙을 내리지 말라고 부탁 좀 드려 주시겠습니까?"
 명탐정 샘 아저씨가 진심을 다해 말했습니다.

"하하, 탐정 선생, 우리 조상이 말한 '복수의 여신'은 이 대자연을 가리키는 겁니다. 대자연이 하는 일을 우리가 어떻게 막겠소?"

"복수의 여신이 대자연이라고요?"

샘 아저씨와 개구리 박사님은 어리둥절한 표정으로 서로의 얼굴만 바라보았습니다.

"그렇소. 이번 B시의 재앙은 숲 속의 나무를 마구 베어 낸 사람들에게 대자연이 내리는 벌이라오."

긴꼬리원숭이 왕의 말은 들은 샘 아저씨와 개구리 박사님은 그제야 B시에 검은 먼지바람이 불어온 이유를 알 것 같았습니다.

헬리콥터를 타고 B시로 돌아오는 길에 하늘에서 땅을 내려다보니, B시 주변의 농작물들이 모두 검은 먼지바람 때문에 엉망이 되어 버렸습니다.

샘 아저씨와 개구리 박사님이 시장실에 들어서자, 시장은 기다렸다는 듯이 물었습니다.

"저, 복수의 여신은 잡았나요?"

"시장님, 어서 시민들과 힘을 합쳐 B시에 나무를 심으십시오."

샘 아저씨가 무척 엄숙하게 말했습니다.

"나무를 심으라고요? 검은 먼지바람과 나무 심기가 무슨 상관이 있나요?"

"오늘 B시를 뒤덮은 검은 먼지바람은 100년 전, 당신의 할아버지가 숲 속의 나무를 함부로 베어 버린 데 대한 대자연의 복수입니다. 어서 빨리 나무를 심어야 B시가 다시 안전해질 수 있어요. 그렇지 않으면 B시는 계속 '복수의 여신'의 재앙을 받게 될 거예요."

"이럴 수가! 그, 그 원숭이 왕의 예언이 맞을 줄이야!"

B시의 시장은 엉덩이를 털썩하고 바닥에 주저앉고 말았습니다.

초판 1쇄 인쇄 | 2012년 10월 9일
초판 1쇄 발행 | 2012년 10월 11일

지은이 | 양홍잉
옮긴이 | 이화진
펴낸이 | 이재은
펴낸 곳 | 세상모든책
기획·편집 | 홍성민
디자인 | 홍미숙
마케팅 | 이주은, 이은경
주소 | 서울시 광진구 자양동 680-77 모던빌딩 2층
전화 | 02-446-0561
팩스 | 02-446-0569
E-mail | everybk@hanmail.net
Homepage | www.ieverybook.com   www.세상모든책.kr
출판등록 | 1997.11.18. 제10-1151호

Copyright ⓒ 2012 세상모든책
이 책에 실린 글과 그림을 무단으로 복사, 복제, 배포하는 것은
저작권자의 권리를 침해하는 것입니다.
ISBN 978-89-5560-292-0 74400
　　　978-89-5560-284-5 74400 (세트)
잘못 만들어진 책은 바꾸어 드립니다.

Copyright ⓒ 2011 by 湖北少年兒童出版社 all rights reserved.
Korean Translation Copyright ⓒ 2012 by Everybook of the world.
Korean edition is published by arrangement with 湖北少年兒童出版社
through EntersKorea Co., Ltd, Seoul.

이 책의 한국어판 저작권은 (주)엔터스코리아를 통해 저작권자와 독점 계약한 세상모든책에 있습니다.
신 저작권법에 의하여 한국 내에서 보호를 받는 저작물이므로 무단전재와 무단복제를 금합니다.